Imagerie alsacienne R. Ackermann Wissembourg succr. de F. C. Wentzel. Imagerie alsacienne R. Ackermann Wissembourg succr. de F. C. Wentzel.

Irene Krauß
Weihnachten hierzuland

Irene Krauß

Weihnachten hierzuland

Bräuche, Symbole und Rezepte aus
Baden und Schwaben

Silberburg-Verlag

*Auf dem Vorsatzpapier:
Konditor-Klebebild.
Farblithografie, Elsass,
um 1900*

Bildnachweis

Aachener Printen- und Schokoladenfabrik Henry Lambertz GmbH
    & Co. KG., Aachen 55, 56 (Foto: Roman Krauß)
Archiv Irene Krauß, Bad Säckingen 13, 17, 19, 31, 79, 84, 87, 90, 102,
    123, 124, 134, 141
Archiv Silberburg-Verlag, Tübingen 149
Deutsches Weihnachtsmuseum, Rothenburg ob der Tauber 96, 97
Esslinger Verlag J. F. Schreiber GmbH, Esslingen am Neckar 22, 23,
    26 (© Esslinger Verlag J. F. Schreiber GmbH)
Evangelische Münstergemeinde, Ulm 154 (Foto: Museum der
    Brotkultur)
Rainer Fieselmann, Eningen 2, 10, 12, 20, 32, 35, 152, 153
Germanisches Nationalmuseum, Nürnberg 93
Gerhard Hepper 106

Isny Marketing GmbH, Isny 36
Roman Krauß, Bad Säckingen 24, 33 (2), 34, 44 (2), 62, 65, 67, 73,
    80, 82, 99, 100, 101 (2), 139, 142, 148, 151
Museum der Brotkultur, Ulm 14, 16, 38, 39, 41, 45, 47, 48, 49, 50, 51,
    52, 53, 54, 60, 63, 69, 71, 127, 131, 132, 133, 135, 138, 144, 146,
    150, Vorsätze
Peter Riolini, Augsburg 115, 116, 117
Schwäbisches Krippenmuseum, Mindelheim 15, 103, 104, 105, 107, 112
Theaterwissenschaftliche Sammlung der Universität Köln 120/121
Tourismusverband Linz, Fotos: Okolicsanyi, Wohlschlager 76
Tourist-Information, Steinach 43
Weißenhorner Heimatmuseum 11 (Foto: Jürgen Gaiser), 29, 137
    (Schabringen, Foto: Jürgen Gaiser)

1. Auflage 2005

ISBN-10: 3-87407-680-6
Ab 2007 ISBN-13: 978-3-87407-680-7

Besuchen Sie uns im Internet
und entdecken Sie die Vielfalt unseres Verlagsprogramms:
www.silberburg.de

Inhalt

Oh du fröhliche ...

Die Malerin Paula Modersohn-Becker hat uns genau darüber ins Bild gesetzt, was ihr Weihnachten bedeutet hat: »Ich wärme mich an diesem Stück Christentum und nehme es entgegen wie ein Märlein ...«

Und in der Tat könnte man meinen, dass ein Hauch von Märchen über der Advents- und Weihnachtszeit liegt. Ist es nicht fast ein märchenhaftes Erlebnis, Tag für Tag eine Kalendertüre zu öffnen, um ihr Süßigkeiten zu entnehmen? Wo gibt es schön geschmückte Tannenbäume, strahlenden Kerzenglanz, Knusperhäuschen aus süßen Fladen und Lebkuchen, garniert mit Zuckerguss und Marzipan, Nüsse und anderes Naschwerk außer im Märchen? Dazu kommen die erwartungsvolle Freude der Kinder und deren Glücksgefühl, das sich im späteren Leben kaum mehr wiederholen lässt.

Und noch ein Weiteres: Ist es nicht geradezu eine märchenhafte Erfolgsstory, dass etwa der beliebteste Festbaum schlechthin, der Christbaum, heute ein Teil der europäischen wie der nordamerikanischen Kulturgeschichte geworden ist? Ähnliches ist dem Weihnachtslied »Stille Nacht, heilige Nacht« oder der »Weihnachtsoper« »Hänsel und Gretel« widerfahren.

Das vorliegende Buch »Weihnachten hierzuland« ist kein bebildertes Weihnachtsbuch im eigentlichen Sinn: Denn obschon viel von (vor-)weihnachtlichen Bräuchen und ihren kulturgeschichtlichen Hintergründen, von Weihnachtsgebäcken und Spezialitäten die Rede sein wird, habe ich illustrierte Schritt-für-Schritt-Anleitungen zur Bereitung feiner Weihnachtsplätzchen sowie Basteltipps und Weihnachtsgeschichten meist außer Acht gelassen. Dazu ließe sich mühelos eine umfangreiche, heute kaum noch überschaubare Literatur finden. Der Reiz dieses Lesebuchs liegt vielmehr darin, dass in ihm möglichst anschaulich und beispielhaft kulturgeschichtliche Betrachtungen zu wichtigen – keineswegs allen – Symbolen des weihnachtlichen Festkreises angestellt, ihre Hintergründe, Voraussetzungen und Werdegänge beleuchtet und erklärt werden. Denn weil uns all die Elemente rund um Weihnachten so selbstverständlich erscheinen, ist wohl kaum jemandem wirklich mehr bewusst, wie lange es die einzelnen Bräuche und Traditionen tatsächlich schon gibt und wie sie entstanden sind. Umso wichtiger ist es vielleicht, aufzudecken und zu er-spüren, was wir eigentlich feiern. Natürlich kann dabei nicht immer die Weihnacht

in Baden-Württemberg im Mittelpunkt stehen. Aber zahlreiche Beispiele belegen doch, dass manch ein Symbol und mancher Brauch hierzuland eine wichtige Rolle gespielt haben.

Wie also kam es zur Entstehung des Adventskranzes und des Weihnachtsbaums als den Inbegriffen vorweihnachtlicher Festtagsfreude? Und wie steht es um die Vorstellung, dass Adventskranz und Weihnachtsbaum nicht anderes als »uralt« sein können? Warum versuchte die Kirche – wenn auch vergeblich –, das Aufkommen des Weihnachtsbaums als »heidnischen Brauch« zu verhindern? Mit welchen Entwicklungen und historischen Geschehnissen sind weihnachtliche Bräuche und kulinarische Spezialitäten verknüpft? Und vor allem: Welche besonderen weihnachtlichen Erscheinungen stammen aus der eigenen Region, welche Beiträge zur Advents- und Weihnachtstradition kommen aus Baden-Württemberg? Da gibt es so manche Überraschung. Zum Beispiel wissen nur die wenigsten, dass eine der typischsten Erscheinungen der Vorweihnachtszeit, der gedruckte Adventskalender, letztlich in Baden-Württemberg entstanden ist.

Natürlich geht es bei all diesen Fragen darum, Vergangenes zu verstehen, Wissen zu vervollständigen oder eigentlich Bekanntes wieder zu beleben. Entscheidend erscheint mir jedoch, dass dieses Wissen keinen akademischen Selbstzweck erfüllen soll. Was uns – auch im Umgang mit dem weihnachtlichen Festkreis – oftmals fehlt, ist zum einen das Bewusstsein, dass viele vertraute Dinge eine faszinierende Vergangenheit und eine tiefere

historische Bedeutung besitzen. Zum anderen aber ist uns auch das Staunen über manche verblüffende Tatsache abhanden gekommen, die uns die Zusammenhänge besser verstehen und so erst die Advents- und Weihnachtsfeste zu einem unverwechselbaren Erlebnis werden lassen. Erst aus diesem Staunen und Wissen erwächst eine echte Freude. Denn schließlich ergibt sich aus eben dieser Vielfalt kultureller Einflüsse, die die Tradition des Festes geformt haben, das, was uns persönlich heute Weihnachten ist.

In diesem Sinne sei mein Wunsch »Frohe Weihnachten« ganz wörtlich zu nehmen.

Viele Verbände, Archive, Museen und Privatpersonen haben durch ihr Engagement, ihre Anregungen und ihr Spezialwissen zum Gelingen dieses Buches beigetragen. Ihnen allen habe ich sehr zu danken. Stellvertretend genannt seien Herr Peter Riolini in Esslingen, der Verlag J. F. Schreiber GmbH in Esslingen, das Deutsche Weihnachtsmuseum in Rothenburg ob der Tauber, Herr Professor Dr. Ulrich Konrad von der Universität Würzburg, Herr Vikar Tobias Merz sowie Schwester Ulrika von der Gemeinde Heilig Kreuz in Bad Säckingen, Herr Wolfgang Ott M. A. vom Weißenhorner Heimatmuseum sowie all die (Land-)Frauen, die mir so manches weihnachtliche Familienrezept anvertraut haben. Nicht zu vergessen die geduldigen Kinder – namentlich Felix und Rafael Forstmeyer, Jonas, Felix und Tobias Krauß sowie Haluk Necetin –, die verschiedentlich für Fotoaufnahmen zur Verfügung standen und statt mit Eis bei mir mit Zimtsternen, Stollen und Anisplätzle vorlieb nehmen mussten. Ein Danke auch an Frau Martina Forstmeyer, die in buchstäblich letzter Minute mit viel Gespür für die Sache beim Korrekturlesen geholfen hat.

Besonders verbunden fühle ich mich Frau Annette Hillringhaus M. A. vom Museum der Brotkultur in Ulm sowie Herrn Dr. Andrea Fadani, dem Vorstand der Vater und Sohn Eiselen-Stiftung Ulm, für deren große Hilfsbereitschaft und kollegiale Unterstützung ich wie immer sehr zu danken habe.

Mein ganz spezieller Dank gilt – dies sei zum Schluss noch ausdrücklich ergänzt – meinem Mann, der viele Fotoaufnahmen für mich durchführte, und meinen drei Kindern, ohne deren erwartungsvolle Vorfreude und Begeisterungsfähigkeit dieses Buch nicht hätte geschrieben werden können.

Irene Krauß

Alle Jahre wieder ...

Zum Fest der Feste gehören Weihnachts-sterne unbedingt dazu, ob in kräftigem Rot oder sanftem Rosa. Hier sind gleich mehrere Weihnachtssterne zu einem Feuerwerk in Rot vereint.

Kaum einer vermochte die Poesie der Weih-nachtszeit schöner und allgemein gültiger auszudrücken als Joseph von Eichendorff (1788–1857), der mit seinem Bild »Markt und Strassen stehn verlassen/Still erleuchtet jedes Haus ...« aus dem Gedicht »Weihnachten« an eine große Sehnsucht rührt: den Traum von Weihnach-ten als einer stillen, gnadenreichen Zeit.

Eine andere geistige Größe des Landes, Johann Wolfgang von Goethe (1749–1832), zeigte sich nicht minder begeistert vom Weihnachtsfest. Dementsprechend ließ er seinen Werther in »Die Leiden des jungen Werthers« noch kurz vor des-sen freiwilligem Tod an der weihnachtlichen Vor-freude in Lottes Zuhause teilhaben: »Er redete von dem Vergnügen, das die Kleinen haben wür-den, und von den Zeiten, da einen die unerwartete Öffnung der Tür und die Erscheinung eines auf-geputzten Baumes mit Wachslichtern, Zucker-werk und Äpfeln in paradiesische Entzückung setzte«.

Keine Frage, Weihnachten hängt in vielerlei Hinsicht eng mit unserer Vorstellung vom paradie-sischen Zustand zusammen: Gemeinschaft, Friede und Stille. Und so ist die Liste der prominenten Weihnachtsfans lang. Auf ihr stehen die Namen von Geschichtsschreibern, Philosophen und Theo-logen ebenso wie die von Königen, Schriftstellern und Musikern. Was sie zu Papier gebracht haben, erklärt die vielfältige Beschäftigung zu allen Zeiten mit Weihnachten, seiner großen emotionalen wie psychologischen Wirkung. Aber nicht nur das: Ihre Aussagen und Berichte rücken die vielen Wechsel-beziehungen zwischen dem kulturellen, gesell-

schaftlichen und wirtschaftlichen Leben sowie den sozialen Kontext in den Blickpunkt des Festes. Viel Weihnachtliches ist demnach verblüffend eng mit der allgemeinen europäischen (Kultur-) Geschichte verknüpft. Haben Sie die Advents- und Weihnachtszeit – also die Tage vom ersten Advent bis zur Epiphanie, dem Heiligdreikönigsfest – einmal unter diesem Aspekt betrachtet?

Ein Beispiel: Die Geschichte des Weihnachtsfestes ist auch die Geschichte des geschmückten Christbaums, denn vor allem er hat viel literarischen Nachruhm erfahren. Unzählige Dichter haben diese »Augenfreude« in Geschichten und Versen beschrieben und damit zugleich Informationen zum Zeit-

»Die Anbetung der Hirten« von Konrad Huber aus der Sammlung des Weißenhorner Heimatmuseums. Der Weißenhorner Maler (1752–1830) gilt als einer der bedeutendsten schwäbischen Künstler in der Zeit des Spätbarock und Klassizismus. Obschon nicht in Weißenhorn, sondern im einst vorderösterreichischen Altdorf geboren, lebte der Maler und Freskant 57 Jahre seines Lebens in Weißenhorn.

*Christbaumschmuck:
schimmernd, funkelnd
und leuchtend*

geschehen geliefert. Denn mit der Entstehung dieses Brauchs war es ja nicht getan. Die Bedingungen eines in allen Haushalten allmählich einziehenden Brauchs und des entsprechenden Schmucks orientierten sich gerade im 19. Jahrhundert an den Bedürfnissen des wohlhabenden Bürgertums und des heraufziehenden Industriezeitalters.

Und was so manchen Christbaumschmuck wie Glaskugeln oder gedrechseltes Miniaturspielzeug anbelangt: Solche niedlichen Kleinigkeiten sind eben nicht nur hübsche, aber beziehungslose Spielereien, sondern auch Handelsprodukte und haben demnach einen Stellenwert im Wechselspiel von Kulturgeschichte, Wirtschaft und Sozialem.

Mit anderen Worten: Oft genug standen handfeste wirtschaftliche Motive hinter der vermeintlichen weihnachtlichen Idylle. So waren die Not leidenden Familien im Erzgebirge und in Thüringen dringend auf den bescheidenen Verdienst durch die Massenanfertigung des Spielzeugs und der Weihnachtskugeln angewiesen, und auch die Kinder wurden häufig genug in den Arbeitsprozess mit einbezogen. Diese Heim- und Kinderarbeit war weit verbreitet, wobei es sicherlich etwas schmerzlich stimmt, dass ausgerechnet diejenigen, die zuerst mit Weihnachten, mit Weihnachtsdekoration und -glanz zu tun hatten, am wenigsten an der tatsächlichen Weihnachtsfreude und der Festtagsstimmung teilhaben konnten.

Nehmen wir als weiteres Beispiel die Bescherung, die – in Gegenwart und Vergangenheit – eine wichtige Facette des Weihnachtsgeschehens ist! War es wirklich immer und für alle eine »schöne Bescherung«? Seit eh und je haben sich beispielsweise Dichter von dem inspirieren lassen, was sie von Weihnachten gesehen haben und was im Guten wie im Argen dazugehörte. Geblieben sind aus ihren Berichten (meist) die Freuden eines reich bestückten Gabentisches, der einer Demonstration des Wohlstands gleichkommt.

Tatsache ist aber, dass das noch heute berühmte Weihnachtslied »Morgen, Kinder, wird's was geben« anfangs nur in begüterten Haushalten gesungen wurde. Die andere Seite, Genügsamkeit und Sparsamkeit, waren keineswegs selbst gewählte Tugenden, sondern resultierten aus wirtschaftlicher Not. Wohl auch deshalb beleuchtete Erich Kästner (1899–1974) mittels seiner bekannt realistisch-sozialen Erzählweise die Wirklichkeit seiner Zeit und schuf eine bissige Satire auf diese vermeintliche weihnachtliche Idylle: »Morgen, Kinder, wird's was geben! Nur wer hat, kriegt noch geschenkt. Einmal kommt auch eure Zeit. Morgen ist's noch nicht so weit …«

Interpretieren lässt sich das nur dahingehend, dass auch an Weihnachten deutlich erkennbar eine soziale Differenzierung stattfindet. Dazu können wir nur nicken, denn es ist sicherlich kein neuer Gedanke, dass sich in Festen auch der Lebensstandard unterschiedlicher Bevölkerungsgruppen widerspiegelt. Was an Festtagen auf dem Speisezettel stand, diktierte immer schon auch der Reichtum beziehungsweise die Armut der Menschen.

Davon aber abgesehen: Zahlreiche familiäre und persönliche Anlässe oder kalendarische Festtage

Fröhliche Weihnachten.

Auch wenn die weihnachtliche Atmosphäre – wie auf dieser historischen Postkarte um 1900 spürbar – uns heute etwas steif erscheint, so war Weihnachten seit dem 19. Jahrhundert doch ein Kinderfest. Demzufolge waren auch die Geschenke vor allem an die Kinder gerichtet.

Die weihnachtliche Plätzchenbäckerei, wie sie auf diesem um 1900 entstandenen Farbholzstich zu sehen ist, kam verstärkt Mitte des 19. Jahrhunderts in den Haushalten auf. Durch die industrielle Herstellung war die einstige Kolonialware Zucker zu einem Lebensmittel für jedermann geworden. Da stand der häuslichen Plätzchenbäckerei nichts mehr im Wege.

„Wie geht's weiter?"
Zu dem Artikel „Der liebe Weihnachtsstollen"

nierte Verletzungen des schwäbischen Sparsamkeitsgebotes darstellen. Umgekehrt sei aber auch ein Blick über den schwäbischen Tellerrand gestattet hin zu den berühmten Nürnberger Lebkuchen, den rheinischen Spekulatius oder Basler Leckerli, denn schließlich gehören diese Gebäcke mittlerweile auch in Baden-Württemberg zum Standardrepertoire. Natürlich kann man an so manchen überlieferten Speisefolgen erkennen, welche Haushaltung früher besser bestückt war und in welcher Speisekammer man Zucker, Mandeln und Eier in Fülle vorfand.

Zugleich muss man sich jedoch vor Augen führen, dass dort, wo Schmalhans Küchenmeister war, Feste, zu denen die Tafel reicher gedeckt war als im Alltag, eine ganz besondere Rolle spielten. Man denke nur an die Erinnerungen des damals zwölfjährigen Peter Rosegger (1843–1918), dessen Weihnachtsgeschichte »Als ich Christtagsfreuden holen ging« von der bescheidenen Wonne erzählt, die seiner Familie der Weihnachtskuchen bereitete, für den eine sehr geringe Menge an Rosinen und Zucker eingekauft wurde.

Noch mehr Beispiele seien genannt, die neben einem allgemeinhistorischen weihnachtlichen Überblick auch regionaltypische Aspekte und Besonderheiten aus Baden-Württemberg beleuchten. Wer sich etwa mit der Weihnachtskrippe speziell in Schwaben beschäftigt, der begegnet den so genannten Bachenen, nämlich aus Ton »gebackenen«, zuvor in Modeln geformten und später mit Farbe bemalten Figuren, die als Krippenensemble früher in vielen schwäbischen Haushalten standen

bieten Anlass zu ausgedehntem Schmaus, aber gerade zu Weihnachten kennt jede Region eine Fülle »ureigener« weihnachtlicher Besonderheiten, die sonst das ganze Jahr nicht auf dem Tisch stehen. Den Anfang der Betrachtung über regionale Spezialitäten in Baden-Württemberg machen – wie könnte es anders sein – die Springerle, jenes Weihnachtsgebäck, das geradezu zum Synonym schwäbischer Weihnachtsfreuden geworden ist und dem die Schwaben seit langem schon die Treue halten. Oder das Hutzelbrot, die Linzer Torte, das Ulmer Brot – gehaltvolle feine Schleckereien, die unge-

Eckkastenkrippe mit schwäbischen »Bachenen«, also bemalten Tonreliefs aus der zweiten Hälfte des 19. Jahrhunderts

Hochsaison in der himmlischen Weihnachtsbäckerei. Dieses Aquarell aus dem Jahr 1944 diente dem Museum der Brotkultur als Vorlage für einen hauseigenen Adventskalender. Hinter den einzelnen Türchen sind traditionelle Kleingebäcke abgebildet – von Vanillekipferl bis Springerle.

und eine Variante zu den vielfach kostspieligen Krippen darstellten.

Ebenfalls an Beispielen aus Baden-Württemberg lässt sich die Geschichte der Weihnachtsmärkte verfolgen. Auch wenn der älteste Weihnachtsmarkt der Dresdner ist, so kann beispielsweise der Stuttgarter Weihnachtsmarkt als besonderen Superlativ für sich verbuchen, dass er heutzutage immerhin als der größte oder einer der größten in Europa gilt. Ganz abgesehen davon, dass es im »Ländle« neben den großen Weihnachtsmärkten durchaus auch solche von kleinerem, überschaubarem Umfang gibt, die durch ihre romantische Lage eine verwinkelte Altstadt in besonderem Glanz erstrahlen lassen oder die durch ihr ausgefallenes Angebot an kunsthandwerklichen Geschenkartikeln aus verschiedenen Ländern und kulinarischen Leckerbissen etwas ganz Besonderes sind.

Um noch ein letztes Beispiel mit regionalen Vorzeichen zu nennen, seien die Anfänge des Adventskalenders erzählt. Gut 100 Jahre ist es her, da erschien der erste gedruckte Adventskalender. Die Idee hatte der in Maulbronn geborene junge Verleger Gerhard Lang, die Zeichnungen mit 24 kleinen, weihnachtlichen Szenen stammten von Richard Ernst Kepler. Mit diesem Ausschneidebogen begann die schillernde Karriere eines Kalenders für die Tage vom 1. bis zum 24. Dezember: zuerst in Deutschland, dann in Westeuropa und inzwischen in vielen Ländern der Erde.

Und so ergibt sich aus dem Zusammenspiel von Allgemeinem und Besonderem aus der Region ein

Ein Weihnachtsbaum in bunter Pracht, wie man ihn allerdings erst in den Anfängen der Biedermeierzeit bei der bürgerlichen Oberschicht fand. Erst allmählich hielt der Christbaum auch Einzug in die Wohnstuben der einfacheren Bevölkerung. Die ersten Bäume trugen übrigens noch keine Lichter und waren nicht ausschließlich Tannen oder Fichten. Vielmehr wurden auch Buchsbäume, Stechpalmen und Obsthölzer zum Schmücken verwendet.

facettenreiches Bild von Weihnachten einst und heute. Denn auch dieses Fest ist wie so vieles eben nichts Statisches, das sich aus unwandelbaren Traditionen und Pflichten zusammensetzt, sondern bietet durch eine offene Betrachtung des Alten wie des Neuen immer auch die Möglichkeit, Weihnachten nach den eigenen Vorstellungen und denen der eigenen Generation mitzugestalten und zu erleben.

Weihnachten entgegen

Advent, Advent, ein Lichtlein brennt

Ohne Zweifel bringt der Adventskranz mit seinen vier Lichtern, die für die vier Sonntage des Advents stehen, vorweihnachtliche Atmosphäre und freudige Erwartung auf das Weihnachtsfest ins Haus. Wie kaum ein anderes »Requisit« im Repertoire der (vor-)weihnachtlichen Symbole wird der aus Tannenzweigen geflochtene Kranz mit Kerzen durchgehend als weitaus älter empfunden als er in Wirklichkeit ist. Vielleicht liegt es daran, dass der Kranz aus älteren, vertrauten Symbolen – dem Kranz, den grünen Zweigen und den Kerzen – verschmolzen ist. Schließlich spielten immergrüne, langlebige Pflanzen in der Mythologie sowie im Volks- und Aberglauben immer schon eine bedeutende Rolle. Doch weit gefehlt, denn in einen weihnachtlichen Zusammenhang gebracht wurden die einzelnen symbolhaften Elemente keineswegs in »Urzeiten«, sondern erst Ende des 19. Jahrhunderts. Insgesamt ist die Geschichte dieses einzigartigen Kranzes im katholischen süddeutschen Raum nicht älter als 70 Jahre, im protestantischen Norddeutschland sind es immerhin annähernd 110 Jahre.

Der »Erfinder« des Adventskranzes

Was ist nun wirklich an fassbaren Quellen zur Geschichte des Adventskranzes vorhanden? Eigentlich eine Menge. Aus ihnen wird deutlich, dass die eigentliche Erfindung des Adventskranzes von Johann Hinrich Wichern (1808 bis 1881) ausging, dem Begründer der evangelischen Inneren Mission und Direktor der Erziehungsanstalt »Rauhes Haus« in Hamburg-Horn. Diese Institution setzte sich angesichts des allgemeinen Kinderelends besonders für gefährdete Jugendliche ein. Ein Beitrag, mit dem Wichern die Jugendlichen auf das Näherrücken des Weihnachtsfestes vorbereiten wollte, war eine mittägliche Bibellesung in der Adventszeit. Der eigentliche Reiz dieser später auf die frühen Abendstunden gelegten Andacht lag sicherlich darin, dass der protestantische Geistliche jeden Abend eine Kerze entzündete, und zwar jeweils eine mehr als am Vortag, bis am Heiligabend alle Kerzen brannten. Damit gab er der Bedeutung von Advent als der Ankunft des »Lichtes der Welt« eine deutlich sichtbare Kontur

– ein Bild, wie es treffender nicht hätte sein können! Für die vier Adventssonntage wurde jeweils
eine etwas dickere Kerze gewählt. Weniger bekannt dürfte sein, dass diese Verdeutlichung der
vier Adventssonntage nicht neu war: Bereits auf
der Kirchenversammlung von Aachen im Jahr 826
war dies festgelegt worden.

Zurück zur Chronologie: Für die Kerzenfülle
des Adventskranzes baute ein Freund Wicherns
einen riesigen Holzreifen, quasi einen Kronleuch-
ter, auf den die vielen Lichter gestellt werden
konnten und der im Betsaal des Rauhen Hauses
aufgehängt wurde. Es spricht einiges dafür, dass
Wichern später, während seiner Tätigkeit im Wai-
senhaus in Berlin-Tegel, diesen Brauch beibehalten hat. Hier wurde der Holzkranz im Jahr 1860
erstmals mit frischem Tannengrün – also in der
uns heute vertrauten Form – geschmückt.

Von Norden nach Süden

Von einer »Adventskranzkultur« in Deutschland zu sprechen, wäre zu diesem Zeitpunkt
freilich noch reichlich verfrüht. Deutlich wird,

*Bildpostkarte von 1941
mit schlichtem
Adventskranz*

Kreativ-Tipps und Anregungen zum Dekorieren des Adventskranzes finden sich in Bastelbüchern und jedes Jahr in Zeitschriften: Mit wenig Aufwand lässt sich der schlichte grüne Kranz in ein kleines Kunstwerk verwandeln.

dass bei der Verbreitung regional- und konfessionsgeschichtliche Bezüge von großer Bedeutung waren. Denn wenn man genauer hinsieht, lässt sich zusammenfassend feststellen, dass der ursprünglich evangelische und norddeutsche Brauch nur zögerlich in den südlichen Raum wanderte, wo er zunächst die protestantischen Familien im städtischen Bereich erreichte. Das ist sicherlich kein Zufall, sondern historisch zu erklären. So hing es sicherlich damit zusammen, dass die evangelischen Christen seit jeher in ihrer Privatsphäre, also bei häuslichen Festfeiern, in täglichen Andachten die bevorstehende Ankunft des Herrn feierten, wohingegen der Katholizismus traditionell eher den Kirchenraum suchte. Darüber hinaus bot der Adventskranz in gehobenen bürgerlichen Haushalten als dekoratives Element in allen möglichen (Haus-)Bereichen besondere Möglichkeiten.

Einen gewaltigen Popularitätssprung machte der Adventskranz – von Kirche und Schule gefördert – erst nach dem Ersten Weltkrieg durch die deutsche Jugendbewegung und deren romantisierendem Naturverständnis sowie ihre ideologisierte Lichtsymbolik. Immerhin haben sich seit 1932 die Belegzahlen in Österreich versechzehnfacht, was – so schätzt man – im Süden Deutschlands ähnlich gewesen sein dürfte. Die Kränze wurden kleiner und die Kerzen reduzierte man auf vier. Obschon die Symbolik des Adventskranzes gut mit den liturgischen Vorgaben der katholischen Kirche zu vereinbaren war, übernahm ihn die katholische Bevölkerung Süddeutschlands in Stadt und Land in der Regel erst Ende der 40er- und Anfang der 50er-Jahre des 20. Jahrhunderts. Das bedeutet, dass erst vor gut einer Generation der mit Kerzen geschmückte Kranz den Süden Deutschlands wirklich erreicht hat.

Gerade vor dem Hintergrund dieses Wissens ist es erstaunlich, dass der Adventskranz heutzutage auf ganz unspektakuläre Weise in beinahe allen Haushalten zur Normalität geworden ist.

Der Adventskalender

Der gedruckte Adventskalender – man kann sich kaum vorstellen, dass er vor gut hundert Jahren noch unbekannt war. Eine Triebkraft für seine Entstehung mag gewesen sein, dass es die Erwachsenen leid waren, auf die täglich neu gestellte Frage der Kinder antworten zu müssen, wie viel Tage es noch bis Weihnachten sind. Ganz klar, ein Adventskalender macht die Zeit sichtbar. Im einen oder anderen Fall auch verbunden mit dem handfesten erzieherischen Argument, den Kindern Geduld beizubringen, was durch eine tägliche Überraschung belohnt wurde.

Die Anfänge

Geht man in der Geschichte etwas weiter zurück, nämlich noch vor den Beginn der Produktion gedruckter Kalender, so lässt sich feststellen, dass in schriftlichen Quellen deutscher Schriftsteller wiederholt die Rede von so genannten Tagesfressern ist. Also von Tageskalendern, die den Kindern den Zeitbegriff bis Weihnachten bildhaft nahe bringen sollten. Und so war es in der Tat: Thomas Mann etwa erzählt in den »Buddenbrooks« über einen selbst gezeichneten Kalender, von dem das Kind jeden Tag ein Blatt abreißen konnte. Wir hören noch von anderen phantasievollen Ideen, mit deren Hilfe den Kindern das Warten auf Weihnachten erleichtert werden sollte: 24 Striche am Türpfosten, von denen täglich einer weggewischt wurde, stellten die einfachste Form eines solchen Kalendariums dar. Etwas Entsprechendes waren Papierstreifen, die Tag für Tag abgeschnitten wurden, wobei die Adventssonntage ab und an sogar eine andere Farbe als die Werktage hatten. Man kann sich nur wundern, welche Vielzahl von Ideen zur vorweihnachtlichen Zeiteinteilung aufkam: etwa die Adventsuhr mit einem Zeiger und 24 bebilderten Feldern oder eine Adventskerze, die – nach demselben Prinzip wie die noch heute bekannten Geburtstagskerzen – ein bezeichnetes Stück weit abgebrannt werden durfte. Ein besonders sinnfälliges Beispiel war auch die Himmelsleiter mit 24 Sprossen, entweder aus Pappe geschnitten oder aus Holz gesägt. Mit jedem Tag wurde das Christkind eine Sprosse tiefer gestellt, bis es am Heiligabend die Erde erreichte.

Von einem ganz besonderen Brauch mit didaktischer Absicht erfahren wir aus süddeutschen Klosterschulen und ländlichen Haushalten: das Strohhalmstecken. Hierbei durften die Kinder täglich im Advent, sofern sie artig gewesen waren und ihre Gebete verrichtet hatten, einen Strohhalm, eine Feder oder etwas Watte in die leere Krippe legen. Vom Verhalten der Kinder hing es ab, wie weich das Christkind am 24. Dezember in der Krippe liegen würde. Auch hier fällt wieder auf, wie stark die Adventszeit in den Dienst der Erziehung gestellt wurde und zum Teil bis heute noch wird.

*Gerade hundert Jahre
ist es her, da erschien
in Stuttgart 1904
der erste gedruckte
Adventskalender mit
weihnachtlichen Szenen.
Einen besonderen
Augenschmaus stellen die
Adventskalender aus
dem »Esslinger Verlag
J. F. Schreiber« in
Esslingen am Neckar dar,
etwa mit einem histori-
schen Motiv aus dem
19. Jahrhundert: »Das
Christkind war da!«*

Einen wesentlichen Beitrag hat nicht zuletzt auch Johann Hinrich Wichern, von dem bereits die Rede war, geleistet. Beim näheren Hinsehen wird klar, dass sein Lichterkranz nicht nur der Ursprung des Adventskranzes war, sondern auch als Vorbild für den ersten Adventskalender zu betrachten ist, auch wenn hierbei nicht die vier Adventssonntage, sondern der Kalendermonat zur Berechnung angenommen wurde.

Baden-Württemberg und der Adventskalender

Das ist eine Assoziation, die sich vorschnell kaum jemandem aufdrängt. Und doch weiß man ganz genau, wann und wo der Übergang zum gedruckten Kalender in größerer Auflage vonstatten gegangen ist: Es war der junge Verleger und Teilhaber der Münchner lithografischen Kunstanstalt »Reichold & Lang«, Gerhard Lang, der im Jahr 1904 den ersten Adventskalender herausgegeben hat. Gedacht war er als kostenlose hübsche Beilage für die Kinder der Abonnenten einer Stuttgarter Zeitung. Auf den Spuren dieses ersten folgte 1908 der zweite Kalender, der zum allgemeinen Verkauf angeboten wurde. Mit diesem Schritt begann die eigentliche Epoche der serienmäßig betriebenen Kalenderproduktion. Zwar war schon 1902 – dies sei der Vollständigkeit halber erwähnt – in der Evangelischen Verlagsbuchhandlung Hamburg in bescheidenerem Umfang ein Adventskalender erschienen, aber erst mit Lang begann der Siegeszug eines Kalenders für die Tage vom 1. bis zum 24. Dezember: zuerst in

Deutschland, dann in Westeuropa und inzwischen fast überall auf der Welt.

Ein württembergischer Pfarrerssohn

Um noch bei Gerhard Lang (1881-1974) zu bleiben: Lang wurde als Sohn einer kinderreichen Pfarrersfamilie im württembergischen Maulbronn geboren. Der wichtigste Ideengeber mag Langs eigene Mutter gewesen sein, hatte die ihm doch in seiner Kindheit auf ein großes, viereckiges Stück Karton, das in 24 gleich große Felder aufgeteilt war, eine entsprechende Anzahl kleiner Lebkuchen – gelegentlich ist auch von schwäbischen Wibele die Rede – aufgenäht. Von

Ebenfalls beim Esslinger Verlag erschienen ist ein Adventskalender mit dem romantischen Weihnachtsmotiv »Drauß vom Walde komm ich her« von Ernst Kutzer.

diesen durfte er täglich einen essen. In Erinnerung an seine eigene Kindheit war Lang in der Lage, diesen Gedanken in grafische Vorlagen umzusetzen. Sein erster Kalender bestand aus Pappe und hatte 24 nummerierte Felder, die mit Texten versehen waren. Auf diese konnte täglich ein ausschneidbares Bildchen aus einem dazugehörigen Ausschneidebogen geklebt werden: »Im Lande des Christkinds«. Allerdings wurde schon bei dieser Version die eigentliche christliche Ikonografie, etwa das Kind in der Krippe, Maria und Josef oder die Anbetung der Hirten gemieden. Stattdessen waren die den Kindern zugedachten Geschenke und Spielzeuge wie Puppenstuben, Zinnsoldaten oder Spielzeugeisenbahnen zu sehen. Damit sprach der Verleger sicher vielen – Erwachsenen wie Kindern – aus dem Herzen. Aus einem Werbeprospekt von Gerhard Lang lässt sich – seinerzeit durchaus werbewirksam und anschaulich formuliert – Folgendes entnehmen: »Die Münchener

Eine besondere Attraktion bot 2004 die Weihnachtsausstellung »Hundert Jahre Adventskalender« im Stadtmuseum Esslingen: Neben einer großen Auswahl historischer und heutiger Adventskalender gab es den Nachbau des ersten Lang'schen Adventskalenders als Großkalender mit Türchen zum Öffnen.

Adventskalender – überhaupt die ersten ihrer Art – zeichnen sich dadurch aus, dass sie nach Entwürfen namhafter Künstler gearbeitet sind, das Gemüt des Kindes besonders ansprechen und so recht den Zauber der bevorstehenden Weihnacht verbreiten. Sie sind farbenprächtig ausgeführt, gediegen ausgestaltet und bleiben unerreicht in ihrem Ideenreichtum und ihrer Abwechslung.«

In der Tat wird schon bei Langs Kalendermotiven offenkundig, was inhaltlich auf viele Adventskalender bis in die Jetztzeit zutrifft: ein Hang zur Verniedlichung des Weihnachtsgeschehens, eine Darstellung von »Gabenbringern«, Geschenken und Weihnachtsidylle – alles Dinge, die zwar kindlichen Vorstellungen entgegen kommen, aber den eigentlichen Kern des christlichen Weihnachtsfestes nicht treffen.

»Heißa, dann ist Weihnachtstag«

Dessen ungeachtet muss Lang von besonderer Tatkraft und Kreativität gewesen sein, war er doch auf diesem Wirtschaftssektor lange Zeit überaus erfolgreich tätig. Die Motive und Formen, die Lang bevorzugte, und mit ihm seine vielen – großen wie kleinen – Kunden, waren vielfältig: bewegliche Aufstellkalender mit Ziehfiguren, mit Häusern und Kirchen zum Aufstellen und mit Fenstern zum Öffnen, hinter denen sich scherenschnittartige Figuren verbargen, ein Adventsbaum, ein Abreißkalender mit Albumblättern und schließlich auch Adventskalender »zum Öffnen und Ausbrechen«, also die heute gängige klassi-

sche Kalenderform mit Fensterchen. Kennzeichnend für die damalige Produktion war, dass die ausgestanzten Felder eine Entsprechung im äußeren Bild hatten. In der Regel wiesen die Kalender 24 Tage auf. Eine Ausnahme bildeten etliche Kalender der Zwischenkriegszeit, die mit dem 6. Dezember begannen und als »das schönste Geschenk zum Nikolaustag« beworben wurden.

Innerhalb weniger Jahre eroberten die Kalender die Herzen der Kinder und etablierten sich in den 1920er-Jahren auch international. Ihren Höhepunkt erreichte die Kalenderproduktion in den Jahren von 1926 bis 1936. Aufgrund der immer stärker werdenden Konkurrenz auf dem Kalendermarkt kam 1940 das Aus für das traditionsreiche Unternehmen von Gerhard Lang, womit freilich auch die Geschichte der ersten und gleichzeitig bedeutendsten Weihnachtskalenderherstellung in Deutschland endete.

Allerdings war Lang keineswegs der einzige Hersteller im süddeutschen Raum, dessen Adventskalender in hohem Ansehen standen. 1831 war bereits der Verlag J(acob) F(erdinand) Schreiber in Esslingen gegründet worden, der später neben Ausschneide-, Modellier- und Papiertheaterbogen eben auch Adventskalender produzierte. In Lahr im Schwarzwald entstand 1896 die heute noch existierende Sankt-Johannis-Druckerei.

Mit dem Zweiten Weltkrieg zogen – wie man sich denken kann – dunkle Wolken auch im Bereich des Wirtschaftslebens auf. Rigorose Sparmaßnahmen und starke Ressourcenknappheit ließen neben vielem anderen auch die Produktion

chen mit dem Titel »Vorweihnachten«. Es umfasste für jeden Tag Geschichten, Lieder, Bastelanleitungen und so fort, die aber in erster Linie der Vermittlung politischer Ideologie dienten.

Auch eine kulinarische Verführung

Damit war aber die Entwicklung des Adventskalenders keineswegs zu Ende. Ganz im Gegenteil. Nach und nach florierte die Wirtschaft wieder und die Schaffung von Arbeitsplätzen ermöglichte den Menschen einen gesteigerten Konsum, der zum Teil in hinlänglich bekannte Auswüchse wie »Fresswelle« und »Kaufrausch« mündete. Seit Mitte der 1950er Jahre wurden verstärkt wieder Kalender mit Schokoladenfüllung fabriziert, die heute zu den Klassikern der Adventskalender zählen. Verlockendes genug enthalten auch die Kalender für erwachsene Feinschmecker: mit Alkohol gefüllte Pralinen, ein Fläschchen Likör, Schnaps oder Ähnliches.

Zu den am meisten geschätzten Motiven heute gehören nostalgisch gestaltete Winter-, Weihnachts- oder Märchenlandschaften, denen meist jegliche Verbindung zur Realität fehlt. Beliebt sind auch Figuren aus dem aktuellen Kino- oder Fernsehprogramm.

Und so konnte der Adventskalender durch die geschickte Verbindung zwischen Tradition und Zeitgeist, zwischen Bewährtem und »Innovationen« die Zeiten überdauern! Das Erfolgsprodukt eines baden-württembergischen Unternehmers und ein »Exportschlager« bis heute.

von Adventskalendern stagnieren. Es erschienen Adventskalender, die in der Regel an die Kalender der vorangegangenen Jahre anknüpften. Freilich versuchte sich auch der Nationalsozialismus die Tradition des Adventskalenders nutzbar zu machen. Und so erschien 1942 in jenem Franz Eher Verlag, der auch Hitlers »Mein Kampf« und den »Völkischen Beobachter« herausgab, ein Heft-

Andreasbräuche und Klöpflestage

Advent, die kirchliche Vorbereitungszeit auf die Geburt Jesu Christi, war viele Jahrhunderte lang nicht nur eine strenge Fastenzeit, sondern auch eine Bußzeit mit entsprechenden Vorschriften bis hin zu Tanz- und Heiratsverboten. Ein Beispiel aus unserer Region: Aus Sulzschneid (heute Landkreis Ostallgäu) erfahren wir, dass sich die Mädchen und Frauen in diesen Wochen noch um 1909 dunkel oder schwarz kleideten und die Familien allabendlich den Rosenkranz beteten.

Am Andreastag

Zugleich beginnt mit der Adventszeit auch das neue Kirchenjahr. Und noch etwas veränderte sich: Offiziell endete am 11. November, dem Martinstag, früher das bäuerliche Wirtschaftsjahr. Die Feld- und Gartenarbeiten waren abgeschlossen, durch Ernteeinnahmen und Viehverkauf hatte der Bauer entsprechende Einnahmen gemacht, mit denen er Rechnungen begleichen und Dienstboten bezahlen konnte. Und so gilt diese Zeit – neben verschiedenen anderen Terminen um Weihnachten sowie verstärkt um Lichtmess – als besonders geeignet für einen Dienstbotenwechsel. Mit einer solchen Beendigung des Dienstverhältnisses und dem Wechsel des Arbeitgebers waren für die Bediensteten immer Ungewissheiten und Wagnisse verbunden, die sich auf das kommende Jahr bezogen: das Wohlergehen bei der neuen Herrschaft, aber auch Zukunftsvorstellungen hinsichtlich Liebe und Heirat. Kein Wunder, verbanden sich mit dem Andreastag, dem 30. November, der unmittelbar am Beginn des neuen Kirchenjahres stand, viele Jahresanfangsbräuche und »Losbräuche« (von der alten Bedeutung losen = vorhersagen, wahrsagen).

Das Wie und Warum der mit diesem Zeitraum verbundenen magischen Praktiken und Bräuche ist so rätselhaft nicht. Vor allem die jungen Mägde waren in dieser ganz besonderen Zeit zwischen dem Ende des alten und dem Anfang eines neuen Jahres daran interessiert, einen Blick in die Zukunft werfen zu können. Magische Handlungen und Beschwörungen, Bleigießen, Heil- und Segenszauber in Bezug auf Liebe und Ehe gehörten zu solchen Orakeltagen und -nächten dazu. Die Menschen früher – in unserer modernen, technisierten Welt ist das so viel anders nicht – glaubten an das Walten undurchschaubarer Mächte und suchten eben im Alltag nach Hinweisen und Zeichen für Glück und Unglück. Wenig erstaunlich, dass das »Schwäbische Tageblatt« noch am 12. Dezember 1952 ländliche Losbräuche der Region als Thema aufgriff, etwa magische Praktiken wie das Gänse- oder Hühnerorakel. Immer wieder ist davon die Rede, dass manche Mädchen heimlich in den Hühnerstall gingen und horchten, bis das Geflügel einen Laut von sich gab:

»Gackert der Hoahn,
do krieg ich an Moan;
gackert de Henn',
do krieg ich kenn'.«

In der Umgebung von Hirschberg an der Weinstraße nahe Heidelberg war es üblich, dass die Mädchen am Andreastag aufsagten:

»Lieber Sankt Andreas, gib mir zu erkennen,
wem ich mich soll nennen,
gib mir zu verstehen,
mit wem ich soll zur Traue gehen.«

»Klopfer, Klopfer, Hämmerle«

Mit dem Andreastag begannen auch die so genannten Klöpfelnächte, womit in der Regel die ersten Tage im Dezember oder die Donnerstage in der Adventszeit gemeint sind. Gerne wurde dieser Adventsbrauch – bei dem meist abenteuerlich vermummte Gestalten lärmend durch die Stadt zogen, an die Türen der Häuser klopften, Verse aufsagten, gelegentlich Äpfel, Nüsse, Linsen oder Erbsen durch die Fenster warfen, um den Wunsch nach Fruchtbarkeit und Segen für den jeweiligen Haushalt zum Ausdruck zu bringen – im 19. Jahrhundert als ein Relikt heidnischer Überlieferungen beschrieben. Bei einem gründlicheren Studium der vorhandenen Quellen wäre jedoch nicht zu übersehen gewesen, dass bereits im »Weltbuch« des Sebastian Franck eine Erklärung der Klöpfelnachtbräuche überliefert ist, die sehr

wohl eine christlich-religiöse Dimension besitzt und die in die Grundauffassung der Adventszeit passt. Demnach zogen bereits vor 1534 an den drei Donnerstagen vor Weihnachten die Kinder von Haus zu Haus, klopften an die Türen, »die zukunft der Geburt des Herren verkündigende/ unnd ein glückseliges jar den einwonern wünschende/ darvon entpfahen sy von den haussessigen öpfel/ biren/ nusß/ und auch pfennig ...«

Brauchinhalt und -praxis sind in der Regel beibehalten worden: der Termin, das »Anklopfen« mit traditionellen, freundlich-bittenden oder auch weniger höflichen »Klopf-an-Versen«, vielfach der Hinweis auf das nahende Weihnachtsfest und nicht zuletzt das »Heischen« um Gaben. Diese bestanden meist aus Kletzen- beziehungsweise Hutzelbrot, aber auch aus Lebkuchen, Äpfeln oder etwas Geld. Solche Heischebräuche mit Nahrungszuwendungen konnten vom rein wirtschaftlichen Standpunkt aus gesehen gerade für Dienstboten und Arme ein durchaus wichtiges Zubrot darstellen und boten den weniger Betuchten die Möglichkeit, Fehlendes auszugleichen. Aus der Fülle der Zufallsbelege – wie sie gerade in Württemberg in großer Zahl zu finden sind – sei Nördlingen herausgegriffen. Von hier wird berichtet, dass man offensichtlich an die Fremden Lebkuchen und andere Geschenke auszuteilen pflegte. »Eine gute Zeit für die Armen, aber für die Reichen geldsplitterlich«, so erfahren wir von einem Chronisten aus dem Jahr 1766.

Annähernd 150 Jahre später kamen in Aichach (heute Landkreis Aichach-Friedberg) noch die

Rechte Seite: Die kolorierte Lithographie aus dem Jahr 1922 von Anton Bischof (1877 bis 1962) zum Thema »Klopferstag« zeigt eine Kinderschar, die mit Sprüchen um kleine Geschenke wie Lebkuchen oder Äpfel bittet. Der Heischevers schien ursprünglich recht derb gewesen zu sein, wie aus dem Titel des Blattes hervorgeht: »Holla, Holla Klopfa 'raus, oder i' schla' d'r a' Loch in's Haus!« Aus dem Zyklus »Sitten und Gebräuche der Stadt Weißenhorn«.

Kinder und die armen Frauen zu den Bauern und riefen: »Klopf an, klopf an, Bäuerin, klopf an die Mehltruhe (oder Obsttruhe) nab.« Sie erhielten etwas Mehl beziehungsweise gedörrtes Obst.

In der Regel war der Klöpflestag aber schon in dieser Zeit ein Heischebrauch der Kinder. In Gundelfingen an der Donau etwa zogen die Kinder an den vier Donnerstagen im Advent durch das Dorf, schlugen am frühen Morgen gegen die geschlossenen Fensterläden und riefen:

>»Holla, holla, Klopfa raus!
>Oder wir schlagen a Loch ins Haus!«

Als Heischegabe erhielten sie Zöpfe, Apfelschnitze und Nüsse. In Kettershausen im Unterallgäu erbettelten die Kinder mit dem folgenden Klopferspruch Lebkuchen, Nüsse und Äpfel:

>»Klopfer, klopfer, Hämmerle,
>Bäure gang ins Kämmerle,
>bring mer a paar Apfel ra'
>daß i dir ka ›Gelt's Gott‹ sa.«

In Winterbach (heute Landkreis Günzburg) ist 1909 die Rede davon, dass am »Klopfertag« die noch nicht schulpflichtigen Kinder morgens mit einem langen Holzstab an die Türen und Fensterläden der Häuser klopften und dafür Äpfel, Nüsse oder Lebkuchen, in manchen Häusern auch nur Hutzeln erhielten. Nachmittags kamen die Schüler, die unter beständigem Rufen »Holla, holla, Klopferstag!« anklopften. In Gessertshausen

(heute Landkreis Augsburg) bildete der Hinweis auf die baldige Ankunft des Herrn den inhaltlichen Mittelpunkt des Heischebrauchs: »Es kommen die Klopfer und sagen an, dass Christus der Herr bald kommen kann; und wenn er kommt, ist Heil im Haus …« Die Kinder erhielten anschließend meist kleine Geschenke, in der Regel Christbaumschmuck.

Auch im Raum Weißenhorn war es noch zu Beginn des 20. Jahrhunderts üblich, dass die Kinder am »Klopferstag«, aber auch zum Nikolaustag als Geschenk so genannte Hellertäfela beziehungsweise »Klausentäfelchen« erhielten. Dabei handelte es sich um einfache, also nur aus Mehl, Wasser und Salz zubereitete und in Modeln ausgeformte Springerle, die bemalt waren und als

Christbaumschmuck dienen sollten. Hier wird besonders deutlich, dass es sich gerade bei den Springerle um eine Art von Brauchkunst handelt. Nicht nur der Geschmack, auch das Auge wurden angesprochen! Nach und nach ging die Brauchform des »Klopferstags« in Weißenhorn verloren, bis sie um 1986 vom ansässigen Gewerbeverein eine Zeit lang neu »installiert« werden konnte. Allerdings durften die Kinder hier nicht beliebig von Haus zu Haus ziehen, sondern nur bei den an dieser Werbeaktion beteiligten Geschäften anklopfen.

In Silheim (Kreis Günzburg), und das wird gewiss nicht der einzige weitere Ort in der Region sein, ist das »Anklopfen« der Kinder ebenfalls noch für das Jahr 1983 belegt.

»Weihnachtsmarkt ist heute«

»Zu dem Feste kauft man ein.« So schrieb nicht etwa ein Werbetexter neuerer Zeit, sondern vor annähernd 150 Jahren Adolf Glassbrenner (1810–1876) in seinem Gedicht »Der Weihnachtsmarkt«. Solche Sätze sind sicherlich mehr als nur eine literarische Fiktion: Weihnachtsmärkte waren und sind eben atmosphärisch schöne Einstimmungen auf die Adventszeit und laden ein zum Bummeln, Schauen, Genießen und nicht zuletzt – zum Kaufen! Schon im 14. Jahrhundert entstand der Brauch, dass die Handwerker in der Vorweihnachtszeit auf dem Marktplatz ihre Waren

anboten. Krippenschnitzer, Spielzeughersteller, Korbflechter, Bäcker und viele mehr stellten Buden auf und hielten eine »Messe« ab. Weil auch damals schon die Besucher Hunger bekamen, wurden nebenbei Würstchen gebraten, Kastanien geröstet und – der berühmte Dresdener Stollen verkauft. Zumindest in Dresden, denn der Dresdner Striezelmarkt zählt zu den ältesten Weihnachtsmärkten Deutschlands. Bereits seit 1474 wird er regelmäßig abgehalten. Zunächst fand er nur am Heiligen Abend statt. Bei aller Kauflust und einem entsprechenden Warenangebot hätte der Umsatz sicher-

lich nicht solche Höhen erreicht, wenn nicht schon vor Jahrhunderten an Weihnachten Zahlzeit für das Gesinde und die Dienstmädchen gewesen wäre, sodass auch sie ein wenig mehr Geld als gewöhnlich in der Tasche hatten (»Weihnachtstaler«).

Wegen des großen Zuspruchs wurde der Dresdner Markt im Laufe der Jahrhunderte immer wieder verlängert, heute dauert er – wie übrigens die meisten großen Weihnachtsmärkte – die gesamte Adventszeit. Überall verwandeln unterschiedlich viele geschmückte Stände, zwischen denen die Besucher nach Lust und Laune schlendern können, die Innenstädte – in Hamburg ebenso wie in Bonn oder München – in romantische Weihnachtsmärchen.

Von Stuttgart ...

Bleiben wir aber in der Region. Aus dem Bilderbogen verschiedener Weihnachtsmärkte seien nur einige wenige herausgegriffen, die besonders charakteristisch oder originell erscheinen, aber keinesfalls die ganze regionale Vielfalt widerspiegeln können. Mag sein, dass man zig anderen Unrecht tut, aber Erwähnung finden sollte sicherlich der wohl größte und einer der schönsten Weihnachtsmärkte überhaupt, nämlich der der baden-württembergischen Landeshauptstadt Stuttgart. Kein Wunder: Konkurrieren die Marktteilnehmer doch Jahr für Jahr beim Wettbewerb um den am schönsten dekorierten Stand.

Der Stuttgarter Weihnachtsmarkt ist aber nicht erst in der Gegenwart eine Attraktion. Herzog

Ulrich von Württemberg war es, der seinen Bürgern in Stuttgart drei Jahrmärkte mit den damit verbundenen Aktivitäten genehmigte: einen im Frühling, einen im September und einen dritten Ende November, aus dem schließlich der Weihnachtsmarkt entstand. Immerhin wurde dieser Weihnachtsmarkt bereits 1692 zum ersten Mal urkundlich erwähnt und zwar – so hören wir – in einer Urkunde von Magdalena Sybilla, Herzogin zu

Kinderträume zum Betrachten, Staunen und vielleicht auch zum Kaufen auf dem Weihnachtsmarkt mit heimelig beleuchteten und schön geschmückten Ständen. Auch heute noch laden die Christkindlesmärkte im Land Groß und Klein dazu ein.

Der Stuttgarter Weihnachtsmarkt gehört zu den Attraktionen der Landeshauptstadt. Er kann jährlich annähernd drei Millionen Besucher verzeichnen.

Württemberg und Teck, die zu diesem Zeitpunkt die Aufhebung des Christkindleinsmarkts bestätigte und zugleich einen neuen Jahrmarkt erlaubte. Aus dem schon lange zuvor bestehenden regulären Wochenmarkt hatte sich nämlich unversehens ein Christkindleinsmarkt entwickelt. Dem entgegen stand die Missbilligung der Kirche, die darin eine zunehmende Entweihung der heiligen Zeit sah. Wie so oft hatten sich also an einem »Zuviel« Zwistigkeiten entzündet. Allein: Streitereien wollte der Magistrat vermeiden und so verzichtete man gänzlich auf den Weihnachtsmarkt. Gleichzeitig baten die Stadtväter allerdings um die Erlaubnis zum Abhalten eines dritten Jahrmarktes in Verbindung mit dem im Winter üblichen Pferde- und Viehmarkt, wogegen es offenbar keine Einwände gab. Der Beginn dieses Vieh- und Jahrmarktes wurde auf den 13. Dezember, ab 1780 auf den Dienstag nach dem dritten Advent festgesetzt. Das war sicherlich kein Zufall und so war es offenbar ein leichtes Spiel, den althergebrachten Christkindleinsmarkt, den man eigentlich auf Wunsch der Kirche abgeschafft hatte, durch die Hintertür wieder auferstehen zu lassen.

Nach wenigen Jahren schon stellte man den Viehmarkt ein und der neue Weihnachtsmarkt unterschied sich vom alten nur durch ein stärkeres Jahrmarktsgepränge. Der Geschäftsumsatz stieg erheblich und der Weihnachtsmarkt wurde zum beliebtesten Markt in Stuttgart. Immerhin hatte der Weihnachtsmarkt in der ersten Hälfte des 19. Jahrhunderts laut der »Schwäbischen Kronik« ein derart hohes Ansehen, dass nicht nur Händler

Auch wenn heutzutage mehr denn je das Unbehagen am Weihnachtsfest und an Weihnachtsmärkten als einem jahreszeitlichen Höhepunkt für Konsum und Lärm wächst – so ganz kann man sich dem Reiz vorweihnachtlicher Stimmung doch nicht entziehen.

aus ganz Deutschland und der Schweiz, sondern sogar aus Belgrad kamen, deren vielfältiges Angebot von orientalischen Stoffen, Kleidern und Lebensmitteln bis hin zu Basler Leckerli, Nürnberger Lebkuchen und Hutzelbrot reichte. Bis sich die Zeitungsreklame durchsetzte, beschäftigte Stuttgart sogar zwei bezahlte Ausrufer zum Anpreisen des Warenangebotes. Seiltänzer, Gaukler

Die schönsten Stände auf dem Stuttgarter Weihnachtsmarkt werden jedes Jahr von einer Jury prämiert.

und Spaßmacher trugen zur allgemeinen Belustigung bei, Tanzbären, Elefanten oder Zebras wurden in kleinen Menagerien vorgeführt. Buntes Treiben also.

... und Esslingen

In Erinnerung an diese alten Zeiten sei der mittelalterliche Weihnachtsmarkt auf dem oberen Teil des Rathausplatzes in Esslingen genannt, der unter den sehenswerten Weihnachtsmärkten sicherlich einen besonderen Rang einnimmt. Ohnehin schon verzaubern die mittelalterlichen Türme, die stattlichen Bürgerhäuser und die romantischen Gassen jeden Besucher. Vor dieser Kulisse machen Silberschmiede, Filzer, Holzer, Färber, Sattler, Seiler und andere Handwerker in historischen Gewändern alte Arbeitsweisen erlebbar. Die Palette der kulinarischen Vergnügungen aus längst vergangenen Zeiten reichen von Dünnete bis zum Schwenkbratenstück, historische Musik wird auf authentischen Instrumenten gespielt und Gaukler faszinieren mit Feuerspielen.

Von Bad Wimpfen ...

So verschieden wie die Region, so unterschiedlich sind auch die Weihnachtsmärkte. Noch älter als der in Stuttgart ist der Weihnachtsmarkt in der alten Kaiserpfalz und späteren Reichsstadt Bad Wimpfen am Neckar. Die malerische Altstadt mit ihren Fachwerkbauten, Türen und Toren ist die ideale Szenerie für den seit gut zwei Jahrzehn-

ten als »Altdeutscher Weihnachtsmarkt« bezeichneten Markt. Die Tradition reicht bis ins Jahr 1487 zurück. Durch ein von Kaiser Friedrich III. verliehenes Privileg ist dieser Markt entstanden und fand zunächst vier Tage vor und vier Tage nach dem Katharinentag, dem 25. November, statt. Aus diesem Grund hieß er auch lange Zeit Katharinenmarkt. Offenbar wegen seiner Beliebtheit wurden die Termine der Markttage in Richtung Weihnachten verschoben.

... und Isny

Der heilklimatische Kurort Isny, im württembergischen Allgäu gelegen, bietet ein

Seite 34:
Alle Jahre wieder erstrahlt auch der besonders schöne und originelle Mittelaltermarkt in Esslingen.

Die festlich beleuchteten Häuser und Plätze sowie die geschmückten Stände verwandeln die Innenstadt von Bad Wimpfen in ein vorweihnachtliches Märchen.

Ein echtes Erlebnis nicht nur für Kinder ist das traditionelle Engelesfliegen, das an allen Tagen des Weihnachtsmarktes in Isny stattfindet. Eine ganz spezielle stimmungsvolle Attraktion.

vortreffliches Beispiel dafür, was ein Weihnachtsmarkt außerdem noch zu bieten hat, etwa das mittlerweile traditionelle »Engelesfliegen« an jedem Abend des Weihnachtsmarktes. Dabei schwebt ein lebensgroßer Engel, der einen prallgefüllten Korb mit Nüssen, Mandarinen und Äpfeln in den ausgebreiteten Armen trägt, hoch oben vom Giebel eines Hauses herunter und beschenkt dann die anwesenden Kinder mit seinen Gaben.

Von Biberach an der Riß ...

Und wenn wir gerade vom Fliegen beziehungsweise Herablassen sprechen: Neben dem stimmungsvollen Weihnachtsmarkt in der oberschwäbischen Stadt Biberach an der Riß ist sicherlich das alljährliche traditionelle »Chrischtkendle-Rablassa«, was aus dem Biberacher Dialekt in korrektes Schriftdeutsch übersetzt bedeutet: das Christkind-Herablassen, ein Hauptanziehungspunkt. Dabei handelt es sich um eine eigenständige Veranstaltung, die jedes Jahr am frühen Abend des 24. Dezember auf dem Marktplatz stattfindet.

Begonnen hatte alles im Jahr 1878, als der kinderlose Biberacher Konditormeister Ruppert die Kinder in seiner Nachbarschaft damit erfreute, dass er an seinem weihnachtlich geschmückten Haus eine einfache Puppe als Christkindfigur an einer Schnur niederfahren ließ und die begeisterten Kinder mit Weihnachtsgebäck beschenkte. Auch sein Nachfolger führte diesen Biberacher Weihnachtsbrauch am Heiligen Abend konsequent weiter. Um 1904 dann war die Zahl der Zuschauer so weit angestiegen, dass die Stadt- und die Spitalverwaltung die Ausrichtung der Feier übernahmen und sie in den Hof des »Alten Spitals« verlegten, damals Krankenhaus und Altersheim. Somit konnte man auch den Menschen dort eine Freude machen. Damals wurde – so scheint es – auch ein neues »Christkindle« gefertigt: eine in ein paillettenbesticktes Gewand gekleidete Gliederpuppe mit Diadem und einem Licht. Ge-

schichte und Tradition verpflichten eben! Seit 1960 schwebt eine vom Biberacher Bildhauer Georg Lesehr gestaltete meterhohe geschnitzte Christkindfigur aus Holz im Lichterkranz unter weihnachtlichen Gesängen aus dem Giebelladen eines der prächtigen alten Bürgerhäuser per Seilzug langsam auf den gut 700 Jahre alten Marktplatz der Erde entgegen und entschwindet dann wieder nach oben. Im Anschluss an diese Zeremonie verteilen die Spitalräte rund 6000 Lebkuchen, die vom Hospital Biberach finanziert werden, an die Kinder. Darüber hinaus erhalten bedürftige Biberacher Jugendliche seit 1981 von der Hospitalverwaltung eine Weihnachtsgabe in Form eines Geldgeschenks.

Wie man sieht, pflegen viele Städte der Region ihr kulturelles Erbe mit Bedacht, und es ist in der Tat ein schöner weihnachtlicher Gedanke, die Einstimmung auf den Heiligen Abend in der Gemeinschaft zu begehen, bevor man zum Feiern im Familienkreis übergeht.

... und Nürtingen

Noch ein letzter Weihnachtsmarkt in Baden-Württemberg sei genannt: der neu begründete »Christmarkt« in Nürtingen, der vom 3. bis zum 4. Advent an der Kirche Sankt Laurentius stattfindet. Parallel dazu wird in der Altstadt seit langem schon der Adventsmarkt abgehalten, und beide Märkte werden miteinander durch eine mit hunderten von roten Kerzen geschmückte Treppe verbunden. Bei Einbruch der Dunkelheit erleben die Besucher einen Zauber aus dem hohen Norden, den Einzug der schwedischen Lichterkönigin Luzia mit ihrem Gefolge. Sie besucht beide Märkte und beendet ihren Rundgang mit einem konzertanten Abschluss in Sankt Laurentius.

Der 13. Dezember, der Luzientag, galt bis zur Gregorianischen Kalenderreform im Jahr 1582 als der Tag der Wintersonnenwende, was mit Licht und Lichtfesten gefeiert wurde. Luzia existiert in zweierlei Gestalt, als Lichterfrau und als Furcht einflößende »wilde Frau«.

Die Luziabraut, die auf dem Kopf einen kerzenbesetzten Kranz aus Preiselbeerzweigen trägt und am Morgen des 13. Dezember Kaffee und Weizenbrot anbietet, spielt vor allem im schwedischen Brauchtum eine wichtige Rolle. Man geht davon aus, dass die Luzienfigur gemeinsam mit dem Weihnachtsbaum im Verlauf des 19. Jahrhunderts aus Deutschland über die gesellschaftliche Oberschicht in das protestantische Schweden gekommen ist und dort als lichte und freundliche Gestalt, als eine Art Christkind, betrachtet wurde.

In Nürtingen steht dieser Zauber aus dem Norden in Gestalt der lichten Gabenbringerin Luzia im Mittelpunkt: Die Luziabraut serviert einen Luzia-Imbiss, nämlich Julbrot und Glögg, eine Art Glühwein auf schwedische Art. Die Kinder erhalten beim Nürtinger Weihnachtsmarkt das zum Luziafest in Schweden gebackene Traditionsgebäck, genannt »Lussekatt«, ein süßes Hefegebäck in Form einer Katze.

»Und wieder stapft der Nikolaus ...«

Der Heilige Nikolaus in vollem bischöflichen Ornat als Bildmotiv auf einem Lebkuchenmodel aus Holz (um 1900). Als Attribut werden dem Heiligen häufig drei aus einem Bottich aufsteigende Knaben hinzugefügt. Nach der Schülerlegende erweckte der heilige Nikolaus die drei ermordeten Kinder wieder zum Leben.

»... durch jeden Kindertraum« schrieb Erich Kästner. Und in der Tat: Der für die Kinder bedeutsamste Tag der Vorweihnachtszeit, aber auch ein Zeitpunkt zahlreicher volksreligiöser Bräuche ist der Nikolaustag. Meist in den Abendstunden vor seinem Festtag zieht der Nikolaus in der Rolle des vorweihnachtlichen Gabenbringers von Haus zu Haus, um – so die (einst) gängige Definition – die braven Kinder zu belohnen und die bösen zu bestrafen. Was lernen wir daraus? Nun, immerhin so viel, dass es gerade beim Nikolaustag offensichtlich eine enge Verbindung zwischen Geschenkeglück und der Verpflichtung zum kindlichen Wohlverhalten gab.

Dabei gilt Nikolaus, der Kinderfreund, als gerecht. Das Strafen überlässt er weitgehend seinem wilden Begleiter, der den Ungehorsamen die Rute austeilt oder sie in den mitgeführten großen Sack zu stecken droht. Dessen Namensgebung zeigt beträchtliche landschaftliche Unterschiede, allein schon in unserer Region. Neben dem berühmten Knecht Ruprecht und dem »Krampus« (von Krampus = Krallenteufel) agieren unter vielen anderen der »Klaubauf« (Lechrain), der »Rumpelklas« (Kempten, Ostallgäu) oder der »Butz« (Schwaben). Diese gruseligen vermummten Gestalten mit ihren vielfach geschwärzten Gesichtern und herabhängenden Haaren, ihrer dunklen Kleidung und dem aggressiven Gebaren, die als Gegenbilder des himmlischen Bischofs zu betrachten sind, entsprechen wohl dem volksnahen Bedürfnis nach einer gewissen Gegenständlichkeit und Konkretisierung des Bösen. Was die Benennungen für den Nikolaus selbst angehen, so verzeichnete der Atlas der deutschen Volkskunde bei einer Befragung von 1937 bis 1939 im Mittelschwäbischen und im Allgäu die Bezeichnungen Klaus, Klas oder Klos, während in nördlichen Gebieten Schwabens vor allem Nikolaus und entsprechende Abwandlungen wie Niklas belegt waren.

Die Legenden vom Heiligen Nikolaus

Es ist nicht zu übersehen, dass Nikolaus heute zu den populärsten Heiligen der Christenheit gehört und in sehr vielen Ländern verehrt wird. Seine Hilfsbereitschaft und seine Schutzfunktion sind geradezu universal: Er gilt als Patron der Kinder und der Schüler. Er ist Nothelfer der Gebärenden, Schutzherr der Seeleute, der Kaufleute, der Müller, der Bäcker und Metzger, der Schneider und Weber, der Notare und sogar der Bettler.

Aber was wissen wir nun eigentlich über den historischen Nikolaus? Eigentlich nichts wirklich Zuverlässiges. Hinter der Gestalt des heiligen Nikolaus verbergen sich zwei geschichtliche Personen, die in der Legende zu einer verschmolzen sind. Der eine, der Abt Nikolaus von Sion und Bischof von Pinora, starb 564. Der andere und bekanntere von beiden, nämlich Bischof Nikolaus von Myra in Kleinasien (das heutige Demre in der

Als schreckhafte Gestalt und Zuchtmeister agiert auf diesem Lebkuchenmodel des 18. Jahrhunderts der Krampus. Im Rückenkorb befinden sich zwei von ihm mitgenommene »böse« Kinder, ein weiteres führt der Krampus an der Hand ab.

Westtürkei), soll zwischen 270 und 280 in Patara, einer Stadt im kleinasiatischen Lykien, geboren worden sein.

Es gibt unzählige Legenden über den Nikolaus, wobei heute nicht mehr ganz klar ist, welchem der beiden sie jeweils zugeordnet werden können. Legenden wie die, dass der heilige Nikolaus von seinen früh verstorbenen Eltern sehr viel Geld geerbt hatte und so den drei Töchtern eines verarmten Edelmannes drei Goldklumpen als Aussteuer geben konnte, sind verbreitet. Das ist aber nicht die einzige Erzählung. Schaurig hört sich die Geschichte aus dem Norden Frankreichs an, dass Nikolaus drei Jungen wieder auferstehen ließ, die von einem Wirt geschlachtet und in ein Pökelfass gesteckt worden waren. Nach einer anderen besonders populären Legende soll Nikolaus auf einem Schiff erschienen sein, das ein Sturm zu zerstören drohte. Durch seine Fürbitte beruhigte sich das Wetter und das Schiff konnte vor dem Untergang gerettet werden. An anderer Stelle wiederum ist verbürgt, wie Nikolaus die Bewohner seiner Provinz durch ein Kornwunder vor einer Hungersnot bewahrte.

Die Nikolausverehrung und -verbreitung

Der Nikolauskult breitete sich über Süditalien und Rom allmählich im Abendland aus. Bereits im 12. Jahrhundert war der Name Nikolaus in ganz Europa verbreitet. Auch der Brauch, dass der Gabenbringer Nikolaus in der Nacht vor seinem Festtag umhergeht und in die Schuhe der bra-

ven Kinder Geschenke steckt, ist in Deutschland schon seit etwa 1500 bezeugt.

Die Bedeutung der Nikolausverehrung im katholischen Raum lässt sich heute allein an der Anzahl der Patrozinien ablesen, wobei sich in Süddeutschland das widerspiegelt, was für Deutschland im Allgemeinen gilt. Allein im Bistum Augsburg gab es noch 1991 hundert Nikolauskirchen sowie achtzig Pfarr- und Filialkirchen, denen Nikolaus als (Mit-)Patron zugeordnet ist. Man denke nur an das gotische Münster Sankt Nikolaus in Überlingen mit der berühmten Steinplastik eines unbekannten Meisters aus der Zeit um 1300 oder an die Nikolauskirche in Mistlau an der Jagst.

Vom Nikolaus zum Weihnachtsmann

Für Martin Luther und die Reformatoren, die die Heiligenverehrung ablehnten, war das Auftreten des hoch verehrten Heiligen Nikolaus ein Dorn im Auge. Unter ihrem Einfluss wurde der 24. Dezember zum neuen Beschertermin, der seit etwa 1800 von der Symbolfigur des weiß gekleideten Christkinds übernommen wurde. Dahinter stand die theologische Überlegung, dass die Bescherung eben nicht durch den Vermittler Nikolaus, sondern durch den »Heiligen Christ« überbracht werden sollte. Und so wurde der bislang mit dem vollen bischöflichen Ornat ausgestattete Nikolaus in Kleidung und Verhalten vielfach quasi säkularisiert und wandelte sich zum Weihnachtsmann, einem gemütlichen Alten mit langem wei-

ßen Bart, sackartigem roten Mantel, roter Zipfel-
mütze, dem Gabensack und der Rute. Gleichwohl
gelang es nicht vollkommen, den heiligen Nikolaus
zurückzudrängen, zumal er in manchen Ländern
die Figur des Weihnachtsmannes übernahm, der
die Kinder zu Weihnachten beschenkt. Insgesamt
lässt sich aufgrund einer volkskundlichen Be-
standsaufnahme der 1930er-Jahre räumlich ganz
grob differenzieren, dass in Norddeutschland eher
der Weihnachtsmann unterwegs ist, wohingegen es
in Süd- und Westdeutschland nach wie vor der Nikolaus ist, der regional auch schon mal andere Namen tragen kann.

Nikolaus in Schwaben

Viele kleine Wichtigkeiten können hier noch
ergänzt werden. Aus Sulzschneid (heute
Landkreis Ostallgäu) erfahren wir, dass die Bescherung am Nikolaustag um 1909 noch tief verwurzelt war, obschon in einzelnen Familien bereits ein Christbaum stand. Die daran hängenden
Süßigkeiten, Äpfel und Nüsse waren die Haupt-
bestandteile einer schlichten zusätzlichen Weihnachtsbescherung. Auch in Altusried (heute
Landkreis Oberallgäu) war der 6. Dezember seinerzeit noch der Hauptbeschertag für Kinder und
Bedienstete, erst allmählich bürgerte sich hier die
Weihnachtsbescherung ein. All dies sind Beispiele
unter vielen, die letztlich auf die Feststellung re-
duzierbar sind, dass in Schwaben, vor allem bei
streng katholischen Familien, der Nikolaustag bis
ins 20. Jahrhundert der eigentliche Beschertag für

*Eine nicht ganz
alltägliche Darstellung:
Gleich 25 Mal erscheint
das Brustbild des heiligen
Nikolaus auf diesem
Konditor-Klebebild.
Farblithografie, Elsass,
um 1900.*

die Kinder blieb. Etwas anders war es in Oppers-
hausen (heute Landkreis Donau-Ries): Hier war
um 1909 schon die Bescherung am Heiligen
Abend durch das Christkind eingeführt, dieses
brachte jedoch – fast als Relikt der Nikolausbe-
scherung – eine Rute zur Bestrafung der unartigen
Kinder mit.

In der allmählichen Verschiebung vom Niko-
laus- zum Weihnachtsabend als Beschertermin
haben in den letzten 80 Jahren in Schwaben die
vielleicht größten Veränderungen stattgefunden.

»Etwas auf dem Kerbholz haben«

Vielfach trat der Nikolaus – meist ein Verwandter oder Bekannter im Gewand eines Bischofs – selber auf und überreichte den Kindern Geschenke. Zum Auftakt wurden die Kinder nach ihren Kenntnissen aus dem Katechismus und der Bibel befragt; dieses Vortragen von Gebeten und Versen ist bis heute der Kern der Nikolauseinkehr geblieben. Besonders dort, wo Nikolaus als Patron verehrt wurde, etwa in Bernbeuren oder Marktoberdorf, erschien er offensichtlich als besonders wichtiger Verbündeter bei der Erziehung. So wurde hier noch im 18. Jahrhundert ein förmliches Schuldbekenntnis der Kinder erwartet und ein Urteilsspruch erteilt.

Eine besondere Art, dem Nikolaus über das kindliche (Wohl-)Verhalten Rechenschaft abzulegen, wird auch anhand der so genannten Klausenhölzer offenbar. Diese quasi zum Gebetsbeweis umfunktionierten Hölzer – die üblicherweise als wirtschaftliche Rechnungshölzer für ausstehende Zahlungen verwendet wurden – waren vor allem in Schwaben, aber auch in der katholischen Schweiz, in Vorarlberg und in Westtirol üblich und sind es ab und an immer noch. Sie wurden beim Besuch des Nikolaus vorgezeigt. Die noch erhaltenen Hölzer enthalten entweder allgemeine Angaben oder Einkerbungen, die die Häufigkeit der Gebete belegten oder etwas detailliertere Angaben über die erbrachten Leistungen, etwa »Monika tat ein gutes Werk«. Kein Wunder, dass die Kinder schon drei bis vier Wochen vor dem Klausenabend besonders häufig beteten oder andere gute Werke verrichteten. Im vorderen Renchtal ebenso wie in Haslach nannte man diese religiösen Kerbhölzer »Glosenhölzle«, im Westallgäu sprach man vom »Vaterunser-Hölzle« oder vom »Klosaholz«.

Nikolausbrauch im Schwarzwald

Im Schwarzwald, genauer gesagt im mittleren Kinzigtal rund um Steinach, Haslach, Biberach und im Harmersbachtal, sind bis in die Gegenwart vielfältige Bräuche rund um den Nikolaustag bekannt, wobei es keine gesicherten Erkenntnisse über den Ursprung und das genaue Alter dieser Brauchphänomene gibt. Beispiel Steinach im Kinzigtal: Hier geht an den Abenden vom 3. bis zum 5. Dezember eine Gruppe verkleideter Männer von Haus zu Haus, wo sie von Eltern und Kindern erwartet werden. Als aktive Brauchträger ragen gleich zwei Nikolausgestalten hervor: zum einen die Gestalt des im vollen bischöflichen Ornat auftretenden Heiligen Nikolaus, der mit den Kindern spricht und sich Gebete und Gedichte vortragen lässt, zum anderen der Santiklaus, eine hell gekleidete, bekrönte Nikolausfigur, die die Kinder beschert und zugleich eine Rute zurücklässt. Zusammen repräsentieren die beiden das doppelte Tun des Heiligen Nikolaus, das Bescheren auf der einen und das Bestrafen von Übeltätern mit der Rute auf der anderen Seite. Rein äußerlich ungewöhnlich und daher die Nikolausgruppe beherrschend ist aber eine andere Einzelgestalt, nämlich die des so genannten Klausenbigger: eine pferdeähnliche Gestalt mit einem langen, vorn spitz zulaufenden Tierkopf, großen Ohren, einer Rosskappe und einem entsprechenden Gewand. Aufgrund seines ruhigen Verhaltens im Haus wird diese Figur als Begleittier des Heiligen Nikolaus interpretiert, lediglich draußen auf der Straße agiert der »Klausenbigger« durch wildes Lärmen und hackte früher – zum Teil recht schmerzhaft – mit seinem spitzen Schnabel nach Umstehenden. Ebenfalls zur Gruppe dazu gehört die Schrecken bringende Gestalt des so genannten Rupelz, eingehüllt in einen schwarzen oder dunklen Pelzmantel, mit einer schwarzen Stoffmaske vor dem Gesicht und einer Pelzmütze, dazu eine Kette und eine Rute.

Eltern und Lehrern kamen diese schauerlichen Gestalten, die den Kindern als Angstgestalten so offenkundig einen gewissen Eindruck machten, früher gerade recht. Oft genug wurden sie als handfestes erzieherisches Moment missbraucht: »Doch die Kinder nur, die schlechten, die trifft sie auf den Teil, den rechten.« Aber das beweist noch nichts: Denn der Überlieferung nach bedeutete Ruprechts gefürchtete Rute überraschenderweise nicht Strafe, sondern Segen. »Fruchtbarkeitsreiser« wurde sie ursprünglich genannt, und der Streich mit ihr bedeutete keine Strafe, sondern Segen. Sie war die Lebensrute, mit der Kraft, Gesundheit, Fruchtbarkeit und Glück vermittelt wurde. Erst infolge der strengen Erziehungsmoral der vorigen Jahrhunderte wurde die Rute zum Züchtigungsinstrument. Heute dagegen erlebt man eine deutliche Pädagogisierung des Brauches, also ein gemäßigtes, weniger bedrohliches Auftreten der Schrecken bringenden Gestalten vor den Kindern.

Und noch ein Fallbeispiel: In Unterentersbach, am Eingang des Harmersbachtals zwischen Biberach und Steinach gelegen, wird am Vorabend des Nikolaustages ein bis heute ähnlich gearteter Nikolaus-Umgang ausgeübt. Statt des »Klausenbiggers« kennt man hier allerdings den »Biggesel« mit großem Eselskopf, spitzen Ohren und aufgemalten Augen. Die frühere Brauchpraxis sah vor, dass sich diese Figur auf die unfolgsamen Kinder stürzte und sie erschreckte. Begleitet wurden die Hauptgestalten von einer Schar schwarz geschminkter und gekleideter Gestalten mit Ruten und Ketten, die entsprechende Rügebräuche durchführten.

Nikolausgruppe im mittleren Kinzigtal in ihrer bis heute einzigartigen Zusammensetzung: Dieser Postkartenausschnitt zeigt die Steinacher »Klausenbigger-Gruppe«.

Insgesamt sind die hier vorgestellten Nikolausgestalten nicht neu, aber in ihrer Zusammensetzung durchaus einzigartig. Vor allem die Begleiter
des Heiligen, der »Biggesel«, die Schar der
»Schwarzen« oder der vorgestellte »Klausenbigger entfalten als Schreckgestalten ihre Aktivität
weniger bei der Einkehr im Haus denn später auf
der Straße. Hier verdeutlichen sie in ihrer Verklei-

dung als Gegensatz zur lichten Nikolausgestalt
das Gegenüber von Hell und Dunkel. Interpreta-
tionen solcher Figuren als Dämonen und Geister,
also als Brauchformen außerhalb jeder christ-
lich-religiösen Dimension, durch die der christliche Nikolauskult überlagert werde, sind allerdings mit Vorsicht zu betrachten. Vielmehr haben
sich hier zwei Bräuche vermischt: die Bescherung
der Kinder durch den gütigen Nikolaus auf der einen und die Darstellung des Kampfes zwischen
Licht und Dunkel auf der anderen Seite. Beide
Bräuche lassen sich als symbolische Handlungen
und Darstellungen durchaus mit der christlichen
Lehre vereinbaren und beide haben zu dieser Jah-
reszeit ihren Sinn. Die Tatsache, dass einige dieser
wilden Begleiter im Schutz von Dunkelheit und
Vermummung als Gruppe Aggressionen entfalten, lärmend und randalierend durch die Straßen
ziehen oder gar Prügel verteilen, entspricht natürlich nicht dem kirchlich getragenen Nikolausbrauch und führte immer wieder zu kritischen
Diskussionen.

Herbstfrüchte, Klausenbrote und Dampedei

Ursprünglich verteilte der Nikolaus Herbst-
früchte wie Äpfel, Birnen und Nüsse, Lebkuchen oder selbst gebackenes Früchtebrot. Vor
allem die Gebildbrote, also frei mit der Hand geformte Gebäcke in Gestalt von »Klausenmännle«
oder »Klausenweible« spielten an diesem Beschertag eine wichtige Rolle, ebenso wie »Klau-
senbretzen« (Illertissen), Tierformen in Gestalt

Der Nikolausbrunnen in Unterentersbach am Eingang des Harmersbachtals. Auch die dahinter stehende Dorfkirche ist dem heiligen Nikolaus geweiht.

von Schnecke, Hase, Hirsch oder Fisch sowie Imitationen von Tabakspfeifen, Revolvern und anderes.

Schon im Mittelalter erhielten die Schüler im Schwäbischen zu Figuren geformte weiße Wecken, die so genannten Klausenbrote. In Baden und der Pfalz brachte der Nikolaus Hefeteigmänner mit Korinthenaugen, die »Dampedei« (Damp = täppischer Mensch).

Von entsprechenden Beispielen wissen auch die Gewährspersonen für Altdorf (heute Landkreis Ostallgäu) und Oberthingau zu berichten. Hier brachte der Nikolaus vor gut 100 Jahren neben Äpfeln, Nüssen und Spielzeug die so genannten Klausemer in verschiedenen Formen, etwa Männlein, Weiblein, Schnecken und Pfeifen, sowie einen Lebkuchen, der mit dem Bild vom Sankt Nikolaus und oben mit einer Hahnenfeder geschmückt war. In Boos (heute Landkreis Unterallgäu) erhielten die Kinder von ihren Paten unter anderem den »Klausenrogel«, ein Backwerk, das den Bischof Nikolaus darstellte.

Da wo der Nikolaus nicht in die Häuser selbst einkehrte – etwa weil sich die Eltern diesen Ein-

Nach eigener Phantasie.

kehrbrauch finanziell nicht erlauben konnten – legten die Kinder wie beispielsweise im Allgäu einen Sparpfennig bereit. Dafür bedankte sich der Nikolaus mit kleineren Geschenken und einen gebackenen Klausenmann. In der Umgebung von Augsburg wurde den Kindern erzählt, dass der Nikolaus auf dem Kirchturm Lebkuchen backe. Daraus entwickelte sich die Redensart »es riecht schon«, womit der Volksmund meinte, der Nikolaus komme bald.

Die (weihnachtliche) Kunst der süßen Sachen

Lebkuchengebäcke und Stollen, Spekulatius oder Printen gelten – so ist es im Lexikon nachzulesen – als die Weihnachtsgebäcke schlechthin und sind überall in Deutschland sowie vielerorten in Europa verbreitet. Springerle und Hutzelbrot sowie die in Basel beheimateten Leckerli dagegen sind bis heute mehr im süddeutschen Raum zu finden. Natürlich sind uns in einer Zeit, in der es überall alles gibt, auch in Baden-Württemberg viele weihnachtliche Spezialitäten vertraut, die nicht unbedingt hier verwurzelt sind. Und so lohnt sich ein Blick über den heimatlichen Tellerrand, um den gedanklichen Abstand zwischen der Beliebtheit verschiedener Weihnachtsgebäcke auf der einen und den dahinter stehenden Traditionen auf der anderen Seite ein wenig zu verringern. Zumal man überrascht sein wird, dass so manche weihnachtliche Spezialität aus anderen Regionen bereits in der Vergangenheit Anklang in Baden und Württemberg gefunden hat. Ein Beispiel, das gewiss nicht das einzige ist: Bereits vor weit über 100 Jahren schrieb der in Ludwigsburg geborene Dichter Eduard Mörike (1804-1875) nahezu 40 Zeilen über ein berühmtes Frankfurter Marzipan-Konfekt, die »Frankfurter Brenten«, indem er das entsprechende Rezept in Reimform fasste. Als Nachtrag ergänzte er:

»In Schwaben hab ich mit dem Rezept
Noch überall viel Ehr' erlebt:

Die guten Frauen lesen's gern,
Und ihre Männer äßen's gern.«

Lebkuchengebäcke mit Vergangenheit

Honiggebäcke dürften als die Urformen unseres heutigen Süßgebäcks bezeichnet werden. Bereits vor mehr als 4000 Jahren herrschte bei den Babyloniern die Sitte, die Götter mit Opfergebäck aus Roggenmehl und getrockneten Früchten zu verköstigen, das mit Honig gesüßt war, und sie auf diese Weise milde zu stimmen. Demnach war der Honigkuchen Kultgebäck, Speise der Götter und Allheilmittel zugleich. Auch die Ägypter süßten mit dem Honig wilder Bienen den Teig für ihre Brote, die sie den Pharaonen als »Wegzehrung« für die Reise ins Jenseits mit ins Grab legten. Die Biene galt als etwas Göttliches und Honig war eine »Speise der Götter«. Kaum verwunderlich, dass Honig auch ein wichtiges Zahlungsmittel war. Die Griechen nahmen Honiggebäcke als einen Talisman sogar mit in die Schlacht, und von dem griechischen Philosophen und Mathematiker Pythagoras – der heutigen Schülern vor allem durch seine mathematische Lehrformel bekannt sein dürfte – weiß man, dass er als Vegetarier den Göttern keinesfalls blutige Tieropfer, sondern Honigkuchen darbrachte. Auch bei festlichen Hochzeiten waren Kuchen aus Honig, Mehl, Wein, Mohn und Sesam begehrt.

Dieses »Herzens-geschenk« in Form des besonders volkstümlichen Lebkuchenherzens zeigt, dass Honiggebäcke früher zu vielen Gelegenheiten gegessen und verschenkt wurden. Hier auf einer Lithografie nach einem Ölgemälde aus dem Jahr 1888.

Von den Griechen und Römern dann wurde das Backwerk in ganz Europa verbreitet, wo es im 12. Jahrhundert bereits in den zahlreichen neu gegründeten Klöstern des deutschsprachigen Raumes bekannt war. Klöster waren schon im frühen Mittelalter nicht nur Stätten der (Ess-)Kultur, sondern auch wirtschaftliche Zentren. Kein Wunder, dass hier auch die von der Antike ererbte Tradition der Lebkuchenherstellung gepflegt wurde, zumal man den damals gängigen einheimischen Süßstoff Honig vielfach eingesetzt hat. Das bei der Honiggewinnung anfallende Wachs beispielsweise diente als unentbehrliche Lichtquelle zur Erleuchtung von Innenräumen und zum Siegeln kirchlicher Dokumente. Das reichlich mit Pfeffer gewürzte Lebkuchengebäck reichten die Patres gerne zu Bier und Wein, um den Durst anzuregen. In geriebener Form dienten Lebkuchen aber auch als Würz-, Binde- und Färbemittel in der Küche. Selbstverständlich verstand man sich auch in den Frauenklöstern darauf, aus Honig, Mehl und verschiedenen milderen Gewürzen Lebkuchen zu backen. Damit konnten durchaus auch weltliche Freuden bereitet werden, wie verschiedene Danksagungen immer wieder belegen. Der Priester Heinrich von Nördlingen schrieb 1339 in einem Brief an die Dominikanernonne Margareta Ebner aus dem oberschwäbischen Kloster Maria Medingen an der Donau: »Gott danke dir für deinen Beutel, die Kertzlin und deinen Lebkuchen. Du sollst mir aber keinen so großen senden!«

Von den Klöstern aus gelangte das honiggesüßte Gebäck in die Städte, wo es nicht nur auf den Tafeln des Adels Anklang fand, sondern als Festtagsgebäck auch zu Hochzeiten und Taufen der bäuerlichen Bevölkerung gehörte.

Vom Duft der großen weiten Welt

Im 15. Jahrhundert erreichten die neuen Schätze des Orients Europa – exotische Gewürze wie Nelken, Anis, Koriander, Muskat, Safran, Kardamom oder Zimt und, nicht zu vergessen, der schwarze Pfeffer. Mit dieser Gewürzmischung

In beinahe allen Ländern Europas hatten die Lebkuchen ihre Besonderheiten in Form und Geschmack. In England waren Honiggebäcke fest in der Essgewohnheit der Bevölkerung verankert, wie diese Darstellung eines Gingerbread-, also Lebkuchenverkäufers zeigt. Schabkunstblatt, 1907.

HOT SPICED GINGERBREAD.

verfeinerte man fortan den Lebkuchenteig. Da die Gewürze landläufig unter dem Sammelbegriff »Pfeffer« geführt wurden, ergab sich schnell die Bezeichnung »Pfefferkuchen« für das beliebte Honigkuchengebäck. Ein um 1450 in Heidelberg aufgezeichnetes Rezept für einen »gute Leckuche« enthält allerdings neben kleinen Mengen von Muskat, Nelken und Koriander vor allem eine beachtliche Menge Ingwer (sechs Lot), dagegen aber nur ein halbes Lot Pfeffer. Kaum erstaunlich also, dass in den angelsächsischen Ländern die Bezeichnung »Gingerbread«, also Ingwerbrot, seit jeher für Lebkuchen gebräuchlich ist. Die Gewürze galten als appetitanregend und verdauungsfördernd, sodass der Lebkuchen im Mittelalter bei allen Völlereien durchweg als wohltuende Beikost betrachtet wurde. Gewürze waren damals so begehrt und teuer, dass sich entsprechend gute Lebkuchen nur die reichen Leute leisten konnten, und auch die gingen sparsam damit um. Elisabeth, die Gemahlin des Grafen Karl Wolfgang von Öttingen, beispielsweise verbot im Jahre 1538 ihrem Küchenpersonal in einer Instruktion, mit nassen Händen ins Gewürz zu greifen, weil dann mehr an den Fingern hängen bleibe als auf die Speisen käme.

Formen und »Schminken«

In frühester Zeit wurden die Lebkuchen in Deutschland als große Stücke, quasi als Laibe gebacken. Beim allmählich aufkommenden Bildlebkuchen war die Größe durch den Model vorge-

Zum Kneten des sehr festen Lebkuchenteigs nutzte man früher eine so genannte »Teigbreche«. Mithilfe des Hebels, auch »Schwert« genannt, wurde der Teig von einem Gesellen oder Lehrling gut eine halbe Stunde geknetet. Der Bäckermeister, der auf der kürzeren abgerundeten Seite der Breche saß, rückte den Teig dementsprechend hin und her.

geben. Diese Feinbearbeitung des gebrochenen Pfefferkuchenteiges zu einem »illustrierten« Gebäck geschah seit dem späten Mittelalter in kleineren Tonformen und seit dem 16. Jahrhundert in geschnitzten Holzmodeln. Nach dem Herausschlagen des ausgemodelten Bildgebäcks aus den Formen und einer Ruhepause wurde das Gebäck bei niedriger Hitze gebacken. Zum »Schminken« der Backwerke verwendete man Naturfarben, gelegentlich auch Blattgold. Im Einzelfall waren auch schon mal gesundheitsgefährdende Stoffe darunter. So verbot das Sanitätsamt der Stadt Frankfurt am Main im Jahre 1791, Pfefferkuchen weiterhin mit Silber- oder Goldschaum zu belegen.

Vielfach wurden die ausgestochenen Gebäckstücke auch mit Mandeln und Ähnlichem verziert oder nach dem Backen mit bunten Zierbildern und farbigem Zuckerguss garniert. Vor allem in

Der Lebküchner.
Im Trübsals Ofen steckt, Was Gläubige wol schmeckt.

Gott meßt und waget weißlich ab,
der süssen Lebens-Stunden Gab,
worinn wir Freuden Mandel suchen,
Die Liebes-Hand wird nie verkürzt.
Ist meine Zeit mit Leid gewürzt:
so süß ich auch den Pfeffer-Kuchen.

Eine sehr bekannte Bild-studie: Der von Christoph Weigel (1654–1725) in einem Kupferstich 1698 porträtierte Lebküchner gibt zugleich einen Einblick in die Backstube. Dabei werden mehrere Arbeiten erfasst: das Teigschneiden und -portionieren, das Formen mit einem Lebkuchen-model und das Backen.

Frauenklöstern wurden bereits im Mittelalter schön verzierte und liebevoll verpackte Lebkuchen teils freiwillig, teils tributmäßig verschenkt – an Kirchenherren, die Ritterschaft oder an andere hoch gestellte Persönlichkeiten. Ansehnliche Backwerke von stattlicher Größe wurden beispielsweise in der Backstube des inzwischen nicht mehr existierenden Zisterzienserinnenklosters Güntersthal bei Freiburg hergestellt. Dass solche Lebkuchen in großer Anzahl verschenkt worden sind, belegt eine Aufzeichnung von 1510. An nur zwei Backtagen bereiteten die Nonnen rund 214 Kilogramm Lebkuchen, die – liebevoll in Schachteln oder Büchsen verpackt – zusammen mit anderen Gaben wie Latwergen, Kleidungsstücken und standesgemäß auch Psalmenbüchern weggegeben wurden.

Glasuren aus Schokolade kamen im Allgemeinen erst um 1850 zur Anwendung; farbige Bildchen – anfangs nur Köpfe, später dann ganze Figuren – gab es bereits seit 1800.

Der ausgestochene Pfefferkuchen erfreute sich über Jahrhunderte bei Arm und Reich großer

Lebkuchenfiguren

Zutaten für 1 Backblech:
125 g Honig
50 g Farinzucker
½ El Sonnenblumenöl
½ Päckchen Backpulver
250 g Mehl
50 g gemahlene Haselnüsse
1 Tl Lebkuchengewürz
Schale von ½ Zitrone
1 Prise Salz
1 Eigelb
Für die Garnitur:
Geschälte halbierte Mandeln
rote Belegkirschen

Zubereitung:
Den Honig mit dem Farinzucker und dem Öl erwärmen, bis sich der Zucker aufgelöst hat.

Die Masse in eine Schüssel füllen und abkühlen lassen. Das mit dem Backpulver vermischte und gesiebte Mehl, die Haselnüsse, das Lebkuchengewürz, die geriebene Zitronenschale, das Salz und das Eigelb mit der Honigmasse zu einem glatten Teig verkneten. Den Lebkuchenteig zu einer Kugel formen und in Klarsichtfolie gewickelt 30 Minuten ruhen lassen.

Den Ofen auf 180° C vorheizen. Den Teig auf einer bemehlten Arbeitsfläche fünf Millimeter stark ausrollen und beliebige Formen ausstechen oder in Rechtecke schneiden. Die Lebkuchenfiguren auf einem mit Backpapier ausgelegten Blech mit Mandeln oder Belegkirschen garnieren. Im vorgeheizten Ofen auf der mittleren Einschubleiste etwa 20 Minuten backen.

1828 schenkte der Vizekönig von Ägypten dem österreichischen Kaiser Franz I. eine Giraffe. Von acht Grenadieren bewacht, wurde sie in der Schönbrunner Menagerie gezeigt. Das Ereignis schlug sich in diesem österreichischen Lebkuchenmodel aus Holz von 1828 nieder.

Beliebtheit, auch oder gerade im Schwäbischen. Um ein entsprechendes Beispiel zu nennen, sei das Grafengeschlecht der Helfensteiner erwähnt, dem nachgesagt wird, es habe – zumindest teilweise – sein Vermögen »in Lebkuchen verschleckert«. Und gleich noch ein Fallbeispiel: Anlässlich der Hochzeit Herzogs Ludwigs von Württemberg im Jahr 1575 gab es auf der festlichen Tafel neben vielem anderen Erlesenen auch dekoratives Naschwerk vom Feinsten, etwa in Modeln ausgeformte Lebkuchen mit Motiven wie das »Paradiesgärtlein« oder die »Krippe mit dem Jesuskind«.

Im 17. Jahrhundert revolutionierte der Zucker die Süßwarenkultur, sodass die Gewürze allmählich ihre Position als wichtigste Warengruppe im

Allzu jungfräulich.

„Wünschen Sie Lebkuchen mit Mandeln?" — „Wo denken Sie hin — natürlich ohne Männchen!"

Honig, Nuss und Mandelkern – Nürnberger Lebkuchen

Und damit wären wir bei Nürnberg, das sich bereits im Mittelalter zum überregionalen Zentrum gewerblicher Lebküchnerei entwickelt und den Ruf der Pfefferküchlerstadt schlechthin innehatte. Aus gutem Grund! Die Zutaten, die den Lebkuchen so wertvoll machten, waren hier in Hülle und Fülle und in höchster Qualität vorhanden. So begünstigte der rund um die Stadt gelegene Reichswald, auch des »Kaisers und des Reiches Bienengarten« genannt, die Gewinnung des Honigs. Die Imker – damals Zeidler genannt – vor den Toren der Stadt lieferten das »süße Gold« für die Nürnberger Lebküchner in die Kaiserstadt und lebten nicht schlecht davon. Die Versorgung der Nürnberger Lebküchner mit exotischen Gewürzen gewährleistete der Gewürzmarkt, der ab 1441 zu einer festen Einrichtung geworden war. Zudem lag das mittelalterliche Nürnberg im Zentrum des damaligen Heiligen Römischen Reiches deutscher Nation. Seine günstige Lage am Schnittpunkt der alten Salz- und Handelswege machte die Stadt bald zu einem der bedeutendsten Handels- und Verkehrsknotenpunkte Europas. So führte beispielsweise die Gewürzstraße von Venedig direkt über Nürnberg. Demzufolge ließen die tropischen Gewürze sowie der Rohrzucker nicht allzu lange auf sich warten und auch die fertige Lebkuchenware konnte rasch in alle Richtungen verkauft werden. So wurden schon 1395 die ersten Lebküchner in Nürnberg urkundlich

1887 nahm ein Karikaturist die Doppeldeutigkeit des Wortes »Mandel« zum Anlass für eine witzige Zeichnung zum weihnachtlichen Lebkuchenverkauf.

Welthandel verloren. Der Vormarsch des zuckersüßen Stoffs brachte immer breitere Kreise auf den Geschmack: Mit Zucker gefertigte Kuchen, Schokoladen- und Zuckerwaren standen nun im Vordergrund. Obschon Pfeffer- und Honigkuchen an Bedeutung als Süßigkeit Nummer eins verloren haben, hält ihre Beliebtheit bis heute an – vor allem als weihnachtliches Saisonprodukt der Industrie sowie zahlreicher Bäckereien und Konditoreien.

erwähnt. Allerdings genehmigte der Rat der Stadt erst im Jahre 1643 die Gründung einer eigenen Lebküchnerzunft, womit sich das Handwerk endlich von den Bäckern unabhängig machen konnte.

Nürnberger Lebkuchen gingen als Handelsware frühzeitig in alle Welt. Kein Wunder auch, dass die Gesandtschaft Nürnbergs bei offiziellen Anlässen neben den üblichen diplomatischen Geschenken zusätzlich das berühmte süße Wahrzeichen der Stadt, den Lebkuchen, vergab.

Auch Herzog Albrecht I. von Hohenzollern (1490–1568), der erste Herzog von Preußen, war von dem würzigen Gebäck derart begeistert, dass er sich eine Auswahl bis nach Königsberg nachsenden ließ. Obschon man doch damals auch im westpreußischen Thorn und in Danzig die Kunst des Lebkuchenbackens verstand.

Die älteste, historisch verbürgte Nachricht über die Bedeutung der Nürnberger Lebkuchen aus der Zeit des Kaisers Friedrich III. (geboren 1410) taucht in der Literatur immer wieder auf. Friedrich III., der sich gerne in Nürnberg aufhielt, ließ den Hohen Rat anlässlich eines Reichstages am Pfingstsonntag des Jahres 1487 wissen, dass es »im ein groß wohlgevallen (war), die Kinder Nürnbergs beisammen zu sehen«. Und so versammelten sich in den Gassen rund 4000 Nürnberger Kinder, die vom Kaiser mit Lebkuchen bewirtet wurden. Zur Erinnerung an jenen Tag erhielten die Lebküchlein mit dem Bild des Kaisers darauf den Namen »kayserlin« und wurden als so genannte »Nürnberger Kaiserlein« noch bis ins 18. Jahrhundert gebacken.

Und noch etwas: Wer meint, die traditionelle Ortsbezeichnung »Nürnberger Lebkuchen« sei für so ziemlich jeden Lebkuchen gültig, der irrt. 1927 wurde vom Landgericht Berlin entschieden, dass der »Nürnberger Lebkuchen« eine Herkunftsbezeichnung ist, die nur für solche Lebkuchen verwendet werden darf, die in einem genau abgegrenzten Gebiet im Nürnberger Raum hergestellt werden.

Demnach gilt offenbar noch bis heute der vor rund 300 Jahren von einem Nürnberger Gelehrten namens Georg Karl Schurtz sicherlich nicht ganz uneigennützig geschriebene Satz: »Von Nürnberg sind die besten Lebkuchen wegen des Wassers

Lebkuchenbäckerei, um 1832, Lithografie. Lange Zeit waren die Hof- und Klosterbäckereien die wichtigsten Produzenten des Gebäcks, in Handelszentren die Pfefferküchler, Lebzelter oder Lebküchner, mitunter auch die Apotheker.

und der Luft allda, da man solche an keinem Ort so gut machen kann, wie solches schon oft probiert worden ist«.

Aachen und seine Printen

Der Duden definiert sie schlicht als »lebkuchenähnliches Dauergebäck in meist rechteckiger Form«. Dem ist nicht zu widersprechen, aber eine Menge hinzuzufügen, denn auch die Aachener Printen haben eine bewegte Vergangenheit.

Bereits zur Zeit Karls des Großen, also seit nunmehr über tausend Jahren, gab es in Aachen – genau wie in anderen bedeutenden Städten West- und Mitteleuropas – Honigkuchen. Man pflegte diese Vorfahren der Printe aus Mehl, Honig sowie Gewürzen zuzubereiten und drückte dem Teig seit dem 15. Jahrhundert vielfach mit Hilfe von Holzmodeln schöne Bilder auf,

Nikolaus im Bischofsornat mit Mitra und Stab. Aus diesem Holzmodel des 18. Jahrhunderts, der immerhin so groß ist wie ein Schulkind, wurden Aachener Printen geformt.

wodurch man das Aussehen und den Wert des Lebkuchens erhöhte. Aus der Reihe vieler anderer Lebkuchenstädte und -hersteller ragte Aachen damals aber dennoch nicht heraus. Erst seit dem 18. Jahrhundert erhielt die Aachener Lebkuchenspezialität den eigenen Namen »Prente«, der sich später zu »Printe« wandelte (von lateinisch »premere« beziehungsweise »imprimere« = »drücken«). Der Begriff weist auf die Tätigkeit des Drückens hin, genauer gesagt auf das Pressen des Teiges in die Modelform. Im holländischen Wort für »Bild«, »Prent«, oder im Englischen »to print« für »drucken« findet sich diese Bedeutung wieder.

Die Printenformen früherer Zeiten zeigen, dass es sich bei den Printen von einst keineswegs um die einfachen, wenn auch wohlschmeckenden Schnittprinten handelte, wie wir sie heute kennen und wie

sie internationalen Ruf erlangt haben. Vielmehr waren die Aachener Printen früher wegen des kunstvollen Äußeren, das ihnen meisterhaft geschnitzte Model gaben, begehrt. Madonnen, Heilige, prächtig gekleidete Damen und Kavaliere, Soldaten, Blumen und Tiere, mehrspännige Kutschen, Reiter und Wagen bildeten eine Art gebackener Kulturgeschichte, ähnlich den noch heute im süddeutschen Raum bekannten Springerle. Man muss sich fragen, warum die alte Formel des Aachener Lebkuchens – Mehl, Honig und Gewürze – im ausgehenden 18. Jahrhundert ihre Gültigkeit verlor, warum die Form geändert wurde und warum sich um 1840 der neue Name »Printe« durchsetzte.

Einen gewaltigen Anstoß für die veränderte Printenherstellung im Deutschland des 18. und 19. Jahrhunderts von der Bild- zur einfachen Zweckform gaben die historischen und wirtschaftlichen Verhältnisse jener Zeit. Anfang des 19. Jahrhunderts, das war die Zeit der napoleonischen Großmachtpolitik. Napoleons so genannte Kontinentalsperre gegen England im Jahr 1806 verhinderte alle Einfuhren aus England und seinen Kolonien. Die Europäer mussten auf den britischen Handelspartner verzichten, sodass mit den ausbleibenden Importen aus Übersee auch die Einfuhr von Rohrzucker und selbst Honig versiegte. Eine zucker- und honigarme Zeit brach an. Die Folge: Der traditionelle Bildlebkuchen mit Honig für die einfache Bevölkerung wurde schlichtweg zu teuer und die alten Rezepte damit unbrauchbar.

Um 1820 verwirklichte der Aachener Printenbäcker Henry Lambertz IV. seine Vorstellung von »süßen Träumen«, als er dem Printenteig erstmals braunen Zuckersirup und braunen Zucker beimischte. Damit legte er den Grundstein für die zuckersüße, einfache und auch für Leute mit kleinem Verdienst bezahlbare »Sirupprinte« anstelle der mit Honig bereiteten Bildprinte. Denn mittlerweile war die alte Süße Honig zum Luxusgut aufgestiegen und ebenso teuer wie weißer Zucker. Da die Bildmotive – einst der Stolz der Aachener Bäckermeister – zum schönen Aussehen jedoch den Einsatz von Honig benötigten, traten sie immer selte-

Das Stammhaus der Lambertz-Printenfabrik in Aachen – der erste Fabrikbetrieb zum Backen von Printen. Seit 1874 trug das aufstrebende Backhaus den Namen »Aachener Printen- und Dampf-Chocolade-Fabrik Henry Lambertz«.

ner auf. Ohnehin legte man auf die vielfach wenig wohlschmeckenden, harten Bildlebkuchen aus Honig, die für das Einkommen der meisten mittlerweile sowieso viel zu teuer waren, keinen allzu großen Wert mehr. Einmal davon abgesehen, dass in den vermögenden Kreisen seit geraumer Zeit der helle Zucker als Luxusgut und Statussymbol das Süßungsmittel Honig abgelöst hatte.

Aachener Printen in festlicher Verpackung – ein fettfreies Dauergebäck aus Mehl, Kandissirup, Farinzucker, Triebmittel und einer Anzahl exotischer Gewürze. Die beigefügten Kandiszuckerkrümel verstärken den angenehmen Karamellgeschmack der Aachener Spezialität.

Lambertz revolutionierte die Herstellung der Printen auch insofern, dass er sie fortan in einfache, länglich-schmale Streifen schnitt. Da auf die Bildkonturen keine Rücksicht mehr zu nehmen war, konnte er – auch das war neu – Pottasche als Triebmittel einsetzen, durch das der Printenteig lockerer und die Printe feiner sowie bekömmlicher wurde.

So eroberte die neue, süße Schnittprinte rasch ganz Aachen und die Aachener Bäcker stellten sich bald auf die neue Form und das neue Erfolgsrezept ein. Und eine weitere Neuerung führte ein Nachfahre des Konditors Lambertz Jahrzehnte später ein: Er umgab seine Printen mit Schokolade und war damit der Erste, der serienmäßig hergestelltes Gewürzgebäck mit einem Schokoladenüberzug herstellte.

Durch persönlichen Einsatz, den Glauben an das eigene Produkt und durch höchste Qualitätsansprüche entwickelte das Unternehmen 1938 eine neue Variante des knusprig-harten Lebkuchens, die heute zu den Printenklassikern zählt: die saftig-weiche Printe, die 1955 unter dem Namen »Schokoladesaftprinte« patentrechtlich geschützt wurde. Bei diesen feinen Saftprinten musste ein Ölsamenanteil von mindestens 15 Prozent im Teig oder als Auflage vorhanden sein – das ist bis heute gesetzlich geregelt.

Und so gehören Printen als Weihnachtsgebäck bis heute zu den kulinarischen Traditionen Aachens, ebenso wie ein anderer feiner Honigkuchen, der ebenfalls zu den süßen Weihnachtsklassikern gehört ...

Die Basler Leckerli

Wer in Baden-Württemberg – gerade zur Weihnachtszeit – noch um ein originelles Geschenk verlegen ist, der sollte auch an die Basler Leckerli denken. Schließlich verdankte bereits ein berühmt gewordener Basler Ratsschreiber den guten Eindruck, den er als Student bei seinen Herren Professoren hinterließ, unter anderem einer Sendung Leckerli, die ihm seine Mutter in die Universitätsstadt Göttingen übersandt hatte. Voller Dankbarkeit schrieb der Studiosus seiner Mutter hinsichtlich der Leckerli zurück: »Ich kann Sie auch beruhigen, dass ich Ehre damit eingelegt habe«. Das war 1748. Der Erfolg gab ihm Recht: Bis heute findet man vor allem in der Weihnachtszeit über die Stadt- und Landesgrenzen hinaus Millionen begeisterter Abnehmer, die sich die Festzeit, aber auch den Alltag mit dieser lokaltypischen Leckerei versüßen, und so sind die Basler zu recht stolz auf ihre Leckerli, die in Werbetexten der schweizerischen Grenzstadt in einem Atemzug genannt werden mit dem »Münster, der altehrwürdigen Universität und der Basler Fasnacht«. Zwar werden die feinen Honigkuchen in mannigfachen Variationen auch in anderen Gegenden der Schweiz hergestellt, doch als eigentliche Spezialität haben sie sich nur in Basel ausgebildet.

Doch beginnen wir von vorn! Lebkuchen sind in Basel bereits seit dem 14. Jahrhundert schriftlich bezeugt und damals schon sehr beliebt gewesen. Interessanterweise führt uns das Basler Lebküchnerhandwerk in seinen Anfängen kei-

neswegs – wie ja anzunehmen wäre – in die Zunftgemeinschaft der Brotbecken, sondern über den Safran zu den Krämern. Hier, in der »Herrenzunft zum Safran«, waren die Lebkuchenmacher wegen ihres Umgangs mit Kramware in Form von Safran, seit Mitte des 14. Jahrhunderts tätig. Sie standen in enger Verbindung zu den Gewürzhändlern und -importeuren, die bei ihrer Kundenwerbung auf den großen Messen landauf, landab in Nürnberg, Memmingen oder Straßburg Lebküchner mitnahmen, die den Fachleuten die Verarbeitung der Gewürze zeigen sollten. Erst Jahrhunderte später wurden die Lebkuchenmacher selbstständig und schlossen sich zu einer eigenen Zunft zusammen.

Man schrieb bereits das Jahr 1720, als die bis heute übliche Bezeichnung »Leckerli« erstmals in den Basler Ratsbüchern auftauchte. Mündlichen Berichten zufolge aber soll die Geburtsstunde der Leckerli schon weitaus früher erfolgt sein. Zwischen 1431 und 1448 nämlich, als Basel ganz im Zeichen der großen Kirchenversammlung, des Konzils, stand. In dieser Zeit strömten Tausende von Menschen in die Stadt, die somit jahraus, jahrein ein buntbewegtes Bild bot. Inmitten des Menschengetümmels und Markttreibens standen die Handelsleute und Krämer. Lebküchner verkauften ihre feinen traditionellen Lebkuchen und boten – wer weiß – gar auch ein veredeltes Honiggebäck an. Ob sie jedoch tatsächlich den Anteil des Bienenhonigs vergrößert sowie dem Lebkuchenteig Mandeln, Orangeat, Zitronat, Zucker, Mehl, diverse Gewürze und einen Schuss Kirschwasser

Basler Leckerli sind ein beliebtes Mitbringsel von der Schweizer Metropole am Rhein.

hinzugefügt haben, wird heute stark bezweifelt, zumal wichtige Bestandteile der Basler Leckerli damals noch wenig oder gar nicht bekannt waren.

Tatsächlich tauchten die Leckerli in Basler Rezeptsammlungen erst Anfang des 18. Jahrhunderts auf. Demnach hat es also auch so lange gedauert, bis sich die guten Basler Lebkuchen zu hochfeinen Basler Leckerli gemausert haben. Schließlich war erst wenige Jahrzehnte zuvor die dafür benötigte süße Zuckerglasur bekannt geworden. Die Verwendung eines guten Schusses Kirschwasser als Backhilfe allerdings, mit dem die Leckerli luftig gemacht werden sollten, hat sich in Basel früher als in anderen Städten eingebürgert. Das erstaunt nicht, war doch die Stadt gänzlich von weithin bekannten und vielgerühmten Kirschen-Anbaugebieten umgeben. Und so wurden dem Leckerli-Teig bereits im 18. Jahrhundert so manche Löffel, halbe Schoppen, Weingläser oder Kaffeeschälchen starken Kirschwassers hinzugefügt. Im 19. Jahrhundert wurde dies zum absoluten Muss.

Leckerli kamen mehr und mehr in Mode und fanden, wo immer sie auf den Tisch gelangten, begeisterte Aufnahme. Anno 1760 befand der Basler Gelehrte Johann Jakob Spreng in seinem »Idioticon Rauracum« gar, dass Leckerli aus »Missverstande« als Lebküchlein angesehen würden – es seien aber »Arzney-, Gesund- oder Heilküchlein«, die unter anderem hilfreich gegen Magenbrennen sein sollten.

Alles in allem hätten die Bäcker demnach zufrieden sein können, hätte man da nicht als durchaus ernstzunehmende Konkurrenz die vielen backkundigen Basler Hausfrauen und -mägde im Visier gehabt; wahre Leckerli-Künstlerinnen, die ihre nach streng gehüteten Familienrezepten meisterhaft hergestellten Lebkuchen lediglich zum Backen und Schneiden zum Bäcker brachten. So fand man immer wieder strenge Worte für die »Weibsbilder, Köchinnen und Mägde« oder jammerte gar über »Weibsbilder, die in Wittwenstandt gerathen« waren und die, um ihren Lebensunterhalt zu bestreiten, aus schlechten, verdorbenen Zutaten Lebkuchen herstellen und auch noch verkaufen würden.

Die so Gescholtenen wussten sich sehr wohl zu wehren und wiesen nicht nur auf die unbestrittene Qualität ihrer Ware, sondern auch auf die sicherlich bis heute jeder Stadtkasse genehme Tatsache hin, dass sie durch ihre Arbeit nicht »wie viele andere dem Spital (Armenhaus) zur Last gefallen« seien.

Man kann sich vorstellen, dass es früher durchaus mühsam gewesen ist, die zähe Masse aus Bienenhonig, Zucker, Mehl und Gewürzen zu verrühren. Frauen konnten diese Arbeit kaum alleine bewältigen und so lieh man sich gegenseitig Gärtner, Packträger oder Knechte aus, starke Männer jedenfalls, welche die Ingredienzien gemischt und die Teigmasse zusammengerührt haben. Gelegentlich wurde sogar ein Stadtsoldat dafür abgeordnet.

Nach dem Ruhen und Ausrollen des Teiges pflegte man den Leckerli-Teig meist in Modeln auszudrücken oder auszustechen. Anschließend

Basler Leckerli

Zutaten:
500 g Honig
250 g Zucker
175 g gehackte Mandeln oder Haselnüsse
120 g Orangeat und Zitronat
2 Tl Zimt
½ Tl Nelkenpulver
¼ Tl Muskatnuss
etwas Kardamom
1 geriebene Zitronenschale
2 Likörgläser Kirschwasser
600 g Mehl
Für den Guss:
100 g Zucker
2 El Wasser
etwas Kirschwasser

Zubereitung:
Den Honig und den Zucker in einer Pfanne auf ca. 75° C erwärmen. Alle Zutaten dazumischen, zuletzt das Mehl, und alles zu einem Teig verkneten. Den Teig ½ cm dick auswellen und auf ein mit Mehl bestäubtes Backblech legen. Bei etwa 220° C rund 20 Minuten backen. Den noch warmen Teig mit Zuckerglasur bestreichen. Für den Zuckerguss Zucker und Wasser aufkochen und mit etwas Kirschwasser aromatisieren.

wurde das Gebäck »nach dem Brot bei gelinder Hitze« gebacken und glasiert.

Wer dieser kulturhistorischen Theorie die Backpraxis folgen lassen möchte, dem sei ein modernes Leckerli-Rezept aus dem Basler »Läckerli-Huus« empfohlen. Dem Rezept konnte die Zeit offenbar nichts anhaben, stimmt es doch auffallend mit mehreren Anleitungen aus dem 18. Jahrhundert überein.

Spekulatius, Stollen und Knusperhäuschen

Viel spekuliert wird darum, wann und wo er aufkam, der Spekulatius, der bis heute auf keinem Nikolaus- und Weihnachtsteller fehlt. Zuallererst soll er in Holland gebacken worden sein, so jedenfalls steht es in einem Amsterdamer Rezeptbuch, geschrieben um das Jahr 1750. Das erstaunt nicht, denn allen voran das reiche Holland besaß damals die kostbaren und kostspieligen Zutaten wie Ingwer, Piment, Zimt und Muskatnuss zu Genüge.

In jenen Tagen erlebte die holländische Feinbäckerei einen Höhepunkt und viele Bäckergesellen vom Niederrhein zogen nach Holland, um sich in dieser Kunst zu vervollkommnen. Zurückgekehrt ist so mancher Bäcker mit Rezepten für den hoch aromatischen, fetten Spekulatiusteig und den dazu gehörenden Modeln.

Ein Gebäck mit merkwürdigem Namen

Alles, was das merkwürdige Wort »Spekulatius« betrifft, bleibt vage und ohne verlässliche Überlieferungen. Eine der bequemsten Deutungen leitet den Begriff von dem lateinischen »speculum« ab, was soviel wie »Spiegel« oder »Spiegelbild« bedeutet. So lässt sich leicht eine Verbindung zu den Modelbrettern herstellen, mit denen man den Spekulatius ausformte und in denen die ausgeschnitzte Form spiegelbildlich aus dem Teig heraustrat. Wahrscheinlich ist die Ableitung aber etwas verzwickter, denn das Wort bezieht sich in Wahrheit wohl auf die lateinische Bezeichnung für Bischof (»episcopus speculator« = »visitierender Bischof, Aufseher«) als Beinamen für den heiligen Nikolaus. Und tatsächlich taucht der Nikolaus, meist mit den charakteristischen Attributen wie Mitra und Bischofsstab ausgestattet, häufig auf den alten Spekulatiusbrettern auf.

Aber auch weltliche Themen sind auf den alten Modeln stark vertreten. Figuren, Tiere, Mühlen, Ornamente und vieles mehr – diese Motive hielten sich über Jahrhunderte. Die meist aus Buchenholz gefertigten Bretter selbst wogen schwer in der Hand, und man kann sich vorstellen, dass beim Hantieren viel Geschick und Übung vonnöten waren. Zunächst wurde der Teig zu Rollen in der Länge des Models geformt, auf das gut gemehlte Brett gelegt und tief in die geschnitzte Holzform eingedrückt, damit dem entstehenden essbaren Bild die Details nicht verloren gingen. Den überstehenden Teig hat man mit einem dünnen Stahldraht oder einem langen Messer in einem Zug hart über dem Holz abgetrennt, was nicht ganz einfach war, denn Spekulatius wurden ohne Rahmen, also der Kontur folgend, ausgeschnitten. Anschließend mussten die einzelnen Spekulatiusmotive aus den Brettern herausgeschlagen werden. Da konnte es schon mal passieren, dass die Form von der Wucht des Aufschlagens einen Riss bekam, der mit einer schmiedeeisernen Bandage wieder zusammengeschraubt wurde.

Obschon das Gebäck heute vorwiegend zum industriellen Fertigungsbereich gehört, sind Spekulatius nach wie vor auch ein beliebtes und gern

Die großen Holzmodel der vergangenen Jahrhunderte dienten in der Regel zum Ausformen von Lebkuchen, Printen oder Spekulatius, wohingegen man in den kleinen Modeln, die vielfach aus mehreren, fein reliefierten Bildfeldern bestehen, Marzipan, Tragant und Springerle ausformte. Holzmodel mit Brezelmotiv. Norddeutschland, um 1900.

gekauftes Bäckerprodukt. Wert legt man heute nicht nur auf einen guten, würzigen Geschmack des Gebäcks, sondern auch auf eine schöne, deutliche Prägung der Motive. Dafür muss der Teig nicht zu fetthaltig und vor allem recht fest sein. Freilich, die hölzernen Spekulatiusbretter von einst sind mittlerweile kaum mehr gebräuchlich. Schneller, rationeller und preisgünstiger ist die Herstellung mit Spekulatiusmaschinen, genauer gesagt mit den Universal-Gebäckformmaschinen, für die auch eine Spekulatiusformwalze eingesetzt werden kann. Inzwischen haben die alten Exoten, also die schwergewichtigen Spekulatiusmaschinen mit Handkurbel oder Motorantrieb, die heute schon fast Museumswert haben, modernen Maschinen Platz gemacht.

Im Museum der Brotkultur in Ulm findet man jedoch auch heute noch das eine oder andere schöne alte Spekulatiusbrett ausgestellt. Das Interesse dafür dürfte groß sein, denn während Spekulatius früher hauptsächlich auf das Rheinland und das Aachener Gebiet beschränkt war, hat er sich mittlerweile Freunde in allen Teilen Deutschlands geschaffen.

Altes vom Stollen

Der Dichter Conrad Ferdinand Meyer (1825 bis 1898) wartete Jahr um Jahr voller Sehnsucht auf jene hochfeine Weihnachtsköstlichkeit und notierte: »Ihr stollen ist noch nicht angelangt wegen der schneefälle«. Sein Ziel muss der Christstollen letztlich wohl noch erreicht haben,

denn wenig später pries Meyer das Backwerk mit den Worten: »Ihr stollen, l. freund, schmeckt mir ganz vorzüglich und wird mit jedem tage besser. Ich habe diese Leipziger stollen früher nicht nach verdienen gewürdigt«. Noch früher, 1542, drückte Kurfürst Moritz seine Freude und Erwartung über seine Heimkehr aus dem Feldzug gegen die Ungarn in einem Brief an seine junge Frau Agnes in Dresden aus: »Ich will diesen Winter bei Dir verbleiben, wir wolln miteinander birn braten, stolln essen und mit Gotts Hülffe ein guts Müthlein haben«.

Erstaunlich, diese hohe Meinung über das traditionelle schwere Hefegebäck! In seiner Anfangszeit dürfte es sich nicht allzu großer Wertschätzung erfreut haben. Denn obschon der Ursprung des Stollens nicht geklärt werden konnte, wird vermutet, dass er als Fastengebäck aus den mittelalterlichen Klosterbäckereien hervorging: ein eher kärglicher trockener Adventkuchen aus Mehl, Hefe und Wasser, seinerzeit noch mit Öl statt mit Butter zubereitet. Genaueres lässt sich ins Jahr 1329 zurückverfolgen: In Naumburg an der Saale – und nicht etwa in Dresden – hatte Bischof Heinrich in jenem Jahr den Bäckern ein neues Zunftprivileg erteilt unter der Bedingung, dass ihm und seinen Nachfolgern zu Weihnachten stets zwei Stollen aus je einem halben Scheffel Weizen zu liefern seien. Demnach ist anzunehmen, dass das feine Backwerk damals schon – also vor nunmehr gut 680 Jahren – allgemein recht bekannt gewesen sein muss. Rezepte für Stollengebäcke sind aus der Ursprungszeit jedoch nicht überliefert und vom »Naumburger Stollen«

Der Weihnachtsklassiker aus Sachsen hat eine lange Tradition, wobei aus dem früheren Fastenbrot inzwischen ein gehaltvoller Stollen geworden ist. Angereichert mit feinen Zutaten wie Mandeln, Rosinen, Orangeat und Zitronat schmeckt das Hefegebäck am besten zwei Wochen nach dem Backen.

spricht mittlerweile ohnehin kein Mensch mehr. Nahezu jeder aber kennt heute den Dresdner Christstollen.

Ob die Dresdner bereits vor 300 Jahren den Stollen als ihr Lieblings-Weihnachtsgebäck bezeichnet hätten, erscheint fraglich. Erstmals erwähnt wurde das Backwerk hier nachweislich im Jahr 1474, und zwar in einer Rechnung an das Dresdner Hospital vom Heiligen Bartholomäus. Daraus ist zu erfahren, dass Stollen als Weihnachtsgabe auch an die Armen verteilt wurde. Zwei Jahrzehnte später, 1496, waren die »christbrote uff weihnachten« in der Stadt dann schon so bekannt, dass man sie als Handelsware auf allen Märkten verkaufte. Und nochmals eine Generation später, 1560, ließ es sich sogar der Dresdner Bürgermeister

nicht nehmen, seine Ratsherren während der Weihnachtsfeiertage »inn dy strutzel zcu laden«. Mit anderen Worten: ein weihnachtliches Striezel-, also Stollenessen und zwar auf Kosten der Stadt!

Man mag es ja heute kaum glauben, aber ungeachtet der angeführten Einzelbelege war Dresden vor 500 Jahren noch keineswegs die Stollenhochburg schlechthin. Um diese Vorrangstellung musste die Stadt lange und hart gegen die beachtliche Konkurrenz aus Meißen und Siebenlehn kämpfen. Erst nach dem Dreißigjährigen Krieg änderte sich die Situation schlagartig und den Streitigkeiten wurde ein gesetzlicher Riegel vorgeschoben. Zur Zeit des Striezelmarktes durften auswärtige Stollen-Lieferanten gar nicht erst in die Stadt hinein, womit die Dresdner Bäcker ihr ersehntes Stollen-Monopol erreicht hatten und mit ihrem feinen Backwerk fortan den kurfürstlichen, später den königlichen Hof belieferten.

Vom feinsten sollten die benötigten Stollenzutaten wie Mandeln, Rosinen und Butter natürlich sein. Denn dass ein Backergebnis niemals besser sein kann als die Zutaten es zulassen – das wussten schon die sächsischen Kurfürsten des 15. Jahrhunderts. Da es nämlich verboten war, während der Fastenzeit – und die Adventszeit war früher in katholischen Gegenden eine solche – Butter zu verwenden, hätte man das damals übliche Rübenöl verwenden müssen und das verschlug offensichtlich allen dermaßen den Appetit, dass die sächsischen Kurfürsten, die Brüder Ernst und Albrecht, eingriffen. Man wandte sich anno 1470 an Rom und bat den Papst um eine Abänderung der Fastengesetze des Landes, und dieser lenkte ein. Fortan wurde der Stollen in Sachsen wieder mit Butter bereitet! Allerdings mussten die kurfürstlichen Untertanen für dieses Vorrecht ein erkleckliches Sümmchen entrichten, das dem Freiberger Dombau zugute kam.

Zurück zum Stollen. Wie gut dieser schmeckte, und wie beliebt er letztlich war, hing natürlich auch vom Geldbeutel derer ab, die die Zutaten wie Zucker, Gewürze, Rosinen und Mandeln kauften. Im Erzgebirge beispielsweise waren gute Zutaten für die überwiegend mittellose Bevölkerung schlichtweg nicht erschwinglich, und die Butter musste meist durch den billigeren

»Die Weihnachtsstollen sind fertig!« – das erfreute auch schon 1897 die ganze Familie, wie man auf diesem Holzstich erkennt.

Rindertalg ersetzt werden. Im Vogtland nahmen die ärmeren Leute statt Butter häufig auch Gänseschmalz für ihren Stollen. Zucker fehlte oft ganz.

Würdig für das Guiness-Buch der Rekorde erscheint uns heute die Kreation eines Riesenstollens, den der Dresdner Bäckermeister Johann Andreas Zacharias seinem Kurfürsten August dem Starken, dem wohl bekanntesten sächsischen Monarchen, im Juni 1730 zum Geschenk machte. Er scheute dafür nun wahrlich keinen Aufwand: Man mauerte einen Backofen auf und rund sechzig Bäckerknechte wurden zum Mandelreiben, Rosinenwaschen, Mehl sieben, wiegen und Teigkneten benötigt. Acht Pferde zogen den immerhin 36 Zentner schweren Riesenstollen aus dem Ofen und transportierten die Köstlichkeit zum königlichen Schloss. Das 160 cm lange Messer zum Anschnitt musste eigens angefertigt werden.

Und heute? Übrig geblieben von jener Riesensensation ist auch heute noch die Zubereitung eines »Super-Stollens« auf dem Dresdener Weihnachtsmarkt. 1994, anlässlich der 300. Wiederkehr der Thronbesteigung August des Starken (am 27. April 1694), stellten die Dresdener Bäckermeister einen riesigen Stollen her: 2000 Kilogramm schwer, 4 Meter lang, 1,65 Meter breit und 70 Zentimeter hoch. 20 Stunden wurde das Backwerk von 24 Bäckermeistern und Gesellen hergestellt und nach einem Umzug auf dem Striezelmarkt in 4000 Portionen verkauft. Natürlich mit einer Nachbildung des Originalmessers! Mittlerweile ist das Stollenfest ein besonderer Höhepunkt auf dem Dresdner Weihnachtsmarkt. Am

Samstag vor dem zweiten Advent backen Mitglieder des Schutzverbandes Dresdner Stollen einen Riesenstollen mit einem Gewicht von annähernd 3000 Kilo. Nach wie vor wird das Gebäck nach einem Umzug durch die Innenstadt angeschnitten und für einen guten Zweck verkauft.

Die Form des übereinander gefalteten Stollenteigs erinnert an das gewickelte Kind in der Krippe. Und so deutete man die Form im christlichen Glauben als Hinweis auf das Wickel-, also das Jesuskind. Anlass zur Übertragung des Begriffs »Stolle« oder »Stollen« aus der Bergmannssprache für einen tragenden waagrechten Gang unter der Erde auf das längliche, schwere Backwerk gab seine Ähnlichkeit mit einem tragenden Pfosten. Im christlichen Glauben wurde diese tragende Stütze wiederum mit dem Jesuskind gleichgesetzt. Allerdings sind regional auch andere Namen bekannt. Im mittelhochdeutschen Wortschatz bezeichnete man beispielsweise mit »strutzel« oder »striezel« ein Hefegebäck in länglicher, geflochtener Form. In der Dresdner Gegend waren und sind bis heute sowohl die Ausdrücke Striezel (Lausitz) als auch Stollen (Dresden) beheimatet. So spricht man zwar vom Dresdner Striezelmarkt, verbindet damit aber die Vorstellung vom Stollenverkauf. Auch der Name »Christbrot« ist in Sachsen gebräuchlich.

»Knusper, knusper Knäuschen«

»Knusper, knusper, Knäußchen, wer knuspert an meinem Häuschen?«, schimpfte die Märchenhexe, als Hänsel und Gretel Stücke aus dem Lebkuchenhaus brechen. Die Geschichte kennt jedes Kind, sie gehört zu den weltweit bekanntesten Märchen überhaupt. Hexenhäuser sind nicht nur im Märchen vergänglich, sondern auch im richtigen Leben – dafür sorgen große und kleine Lebkuchenfans. Alle Jahre wieder, wenn von Knusper- und Pfefferkuchenhäuschen, von Kuchen- oder Hexenhäuschen die Rede ist, weiß man, es geht wieder auf Weihnachten zu. Gemeint ist dabei der Brauch, zur Adventszeit ein mit Süßigkeiten geschmücktes Miniaturhäuschen herzustellen. Im Allgemeinen besteht ein solches Knusperhaus aus Lebkuchenteig; es gibt jedoch auch Varianten aus Mürbeteig und selbst aus holländischem Frühstückskuchen kennt man die »Fertighäuser« heute. Ein amerikanisches Knusperhäuschen dagegen besteht traditionell aus hellem Kuchenteig, der vollkommen mit Zuckerguss überzogen ist.

Der Ahnherr des Lebkuchenhäuschens – ja, wer war das nun eigentlich? Die erste prägende Vorlage für unser Knusperhäuschen dürfte das Schlaraffenland sein, jenes irdische Paradies, in dem das Arbeiten verboten ist, das Essen auf den Bäumen wächst und die Häuser aus Lebkuchen oder anderen süßen Sachen bestehen. Dieses Schlaraffenland als Land des Überflusses und des sinnlichen Wohllebens war zu Zeiten von Hungersnöten und sozialer Ungleichheit die Utopie einer besseren Welt. Vom 15. bis zum 18. Jahrhundert gab es überall in Europa Visionen dieses Wunderlandes. Die Vorstellung, dass Essbares in Hülle und Fülle vorhanden ist, war sicherlich der

Traum derer, die Mangel litten. Diese Fantasie war aber auch zu schön: Schon Hans Sachs träumte 1530 in seinem Schwank »Schlauraffen Land« von Häusern »deckt mit Fladn, Leckuchen die Haußtür und Ladn, von Speckkuchen, Dielen und Wend«. Man durfte das Häuschen bei ihm auch anknabbern. Soweit ist der Brauch unverändert, nur wuchs das Abgeknabberte im geträumten Schlaraffenland von alleine wieder nach. Auch Illustratoren ließen sich bis ins 19. Jahrhundert dieses Motiv des essbaren Häuschens nicht entgehen,

Kneten, ausrollen, zuschneiden, formen und zusammensetzen: Das Backen und Verzieren von Knusperhäuschen garantiert ein Adventsvergnügen für die gesamte Familie.

wie die heute noch häufig anzutreffende Darstellung von Ludwig Richter zeigt.

Im 19. Jahrhundert, nämlich 1812 und 1815, gaben die Brüder Jakob und Wilhelm Grimm ihre zweibändige Sammlung von Hausmärchen heraus. Es handelte sich um Märchen, die sie vom Volk erzählt bekommen hatten und die sich bis heute noch größter Beliebtheit erfreuen. Dazu gehörte auch das Märchen von Hänsel und Gretel und ihrem Kampf gegen die böse Hexe, die passenderweise in einem Hexenhäuschen wohnte.

Die Originalaufzeichnung der Brüder Grimm spricht von einem Häuschen, »das war aus Brod gemacht, das Dach war mit Kuchen gedeckt und die Fenster von Zucker«. Im Erstdruck von 1812 ist von einem »Haus von Pfannkuchen« die Rede.

Und noch eine weitere Anregung kennen wir: Engelbert Humperdincks Märchenoper »Hänsel und Gretel«, die am 23. Dezember 1893 im Hoftheater in Weimar uraufgeführt wurde. Das Hexenhäuschen auf der Bühne bestand aus Lebkuchen. Pfefferkuchenmänner umringten es als Zaun. Die Märchenoper wurde weltweit ein Erfolg und fand meist zur Weihnachtszeit bei Kindern und Erwachsenen ein begeistertes Publikum. Nahe liegend also, dass die Bekanntheit des Knusperhäuschens allmählich auch zu dem Brauch führte, dieses in Lebkuchen nachzubilden.

Wann das aus Lebkuchenteig hergestellte Knusperhäuschen nun in verkleinerter Form tatsächlich in die Backstube kam, ist nur noch schwer festzustellen. Zumindest bis in die ersten Jahrzehnte des 20. Jahrhunderts war das Hexen-

häuschen offensichtlich in der Hauptsache Konditorware. Aber erst in den 1920er Jahren erschien in einem Buch über Schule und Praxis der Konditoren eine illustrierte Anweisung zum Bau eines Hexenhauses. Der Autor, J. M. Erich Weber, erwähnte sogar die Möglichkeit, Hexen-, Hänsel- und Gretelfiguren in drei Größen zu bestellen. Als eine »originelle Neuheit« brachte die Firma Bären-Schmidt in Mainbernheim bei Würzburg erstmals 1927 einen »Bärenlebkuchen-Baukasten zum Selbstanfertigen eines reizenden Hexenhäuschens« für 1,50 Reichsmark auf den Markt. Es bestand aus braunen Lebkuchen-Teilen sowie zuckerglasiertem Gebäck zum Aufkleben. Die Figuren waren aus Schaumzucker und konnten selbst bemalt werden. In einer leicht veränderten Neuauflage wird der Klassiker seit 1983 alljährlich wieder zu Weihnachten verkauft.

In der häuslichen Backstube taucht das Knusperhäuschen Jahre nach dem Zweiten Weltkrieg auf. Wer die Mühen und den schweren Lebkuchenteig nicht scheut, findet heute zahllose Anleitungen zum Selberbacken. Unterstützt durch die Ratschläge von Koch- und Backbüchern sowie von Frauenzeitschriften ist es mittlerweile in vielen Familien üblich, in der Weihnachtszeit sein eigenes süßes »Traumhaus« zu rühren, zu formen, zu bespritzen und zu bekleben. Ob als Märchen- oder Blockhütte, als Vollkorn- oder Diabetikerhaus oder schlicht im Schwedenstil, für jeden Geschmack lässt sich das Richtige finden. Bei der Ausgestaltung des Häuschens sind der Fantasie erst recht keine Grenzen gesetzt. Bonbons, Schokolade, Pralinen und andere Süßigkeiten werden reichlich eingesetzt. Manche sind umgeben von einem Lebkuchenzaun, bei anderen stehen Hänsel, Gretel und die Hexe, fein gestaltet aus Tragant, einer stark zuckerhaltigen Teigware, oder aus Lebkuchenteig davor. Nie fehlt der Zuckerguss. Er hält nicht nur die einzelnen Bestandteile des Häuschens zusammen, sondern dient auch dem Auge als Schnee-Ersatz. Ein reizvolles Sammelgebiet? Leider nein, denn auch die liebenswertesten Kunstwerke unter ihnen finden meist ein schnelles Ende, denn alt und jung knuspert viel zu gern an ihnen herum.

Weihnachtsklassiker der Region

Springerle? Ist das nicht jene süddeutsche, um nicht zu sagen schwäbische Weihnachtsspezialität? Komplizierte Gebilde, die manch einer als steinharte kulinarische Ursünde rügt.

Gebäck mit Füßle

Die Antwort ist nicht leicht, obschon für einen Schwaben klar definiert ist, dass Springerle nur dann gelungen sind, wenn die Oberfläche mit den weiß geprägten Bildern hell bleibt und das Gebäck die sprichwörtlichen »Füßle« hat. Wen es als Norddeutschen in das südliche Bundesland verschlagen hat, dem sei erläutert, dass sich dafür die getrocknete Oberseite etwa einen Zentimeter vom feuchteren Unterteil abheben muss. Dass die besagten »Füßle« als Markenzei-

chen und Qualitätsmaßstab für gute Springerle unabdingbar sind, macht ein vor annähernd 200 Jahren geschriebenes anonymes Basler Hausfrauenrezept mit Nachdruck deutlich: »Kriegen sie [die Springerle] keine Füßchen, so schimpfe die Buben aus oder die Stubenmagd: war schlecht gerührt oder Durchzug in der Stube. Springerli ohne Füßchen sind eine Ärgernuß.«

Der Name Springerle soll entweder daher rühren, dass der Teig auf dem Blech beinahe um die Hälfte seiner Höhe »aufspringt«, also aufgeht und dabei das Bild nach oben schiebt, oder daher, dass das Bild des springenden Pferdes früher eines der beliebtesten Springerlemotive war. Genau weiß das heute niemand mehr. Obschon: Wer einmal gesehen hat, wie die Springerle im Backofen

Springerle – eine Spezialität, die in vielen schwäbischen Familien zum Weihnachtsfest nicht fehlen darf.

»hochspringen«, dem wird die erste Version für dieses überaus griffigen Namen »Springerle« besonders einleuchten. Zum Springen gebracht wurde der Teig jedenfalls mit einer Prise Hirschhornsalz als Triebmittel.

Grundsätzlich von den feinen Eierspringerle zu unterscheiden sind die einfacheren Wasserspringerle, die mit Wasser statt mit Eiern hergestellt wurden. Davon zeugen entsprechende Benennungen wie »Wasserzucker«, »Wassermarzipan« oder »Wasserkonfekt«. Diese Springerle dienten, plastisch ausgeformt und bunt bemalt, nicht so sehr den eigentlichen Tafelfreuden – sie waren zwar essbar, jedoch recht hart. Aber mit roten Schleifen versehen und zwischen Äpfel und Nüsse gehängt, schmückten sie noch um 1900 zahlreiche schwäbische Christbäume.

Womit wir bei der Frage nach der Herkunft dieses in Modeln geprägten anisgewürzten Eierteiggebäcks wären. Beheimatet sind Springerle im gesamten süddeutschen Raum, im Elsass, in Österreich und in der Schweiz, wobei man für ein und dieselbe Sache bis heute verschiedene Bezeichnungen kennt. Im Fränkischen sind es die »Eierzucker«, in Bayern die »Springerle« oder der »Eiermarzipan«, und in Straßburg war noch um 1900 die sprechende Bezeichnung »Schwabenbrötle« ein Begriff. Daran ist etwas Wahres in einer Region, die die Springerle als Spezialität auf ihrer kulinarischen Landkarte festgeschrieben hat. Oder wie Hans Karl Adam 1984 in seinem Buch »Weihnachtliche Bäckerei« bemerkte: »Wohl in keiner anderen Gegend Deutschlands ist

das Backen eine solche Herzensangelegenheit der ganzen Familie wie im Schwäbischen, wo sich Rezepte und Model von Geschlecht zu Geschlecht vererben. Wie in der Rhön die Spinnstuben, so kennt man hier in der Adventszeit die Springerlesbackabende.«

Allein, auch wenn das Eingeständnis manch einem Schwaben schwer fallen mag, führt doch kein Weg daran vorbei: Die Springerle haben ihre Wurzeln nicht wirklich hierzulande.

Die Frage nach dem Entstehen der Springerle lässt sich am besten anhand der vorhandenen Kochbuchliteratur beantworten. Denn sehr wenig bekannt, aber von entscheidender Bedeutung ist, dass das bislang früheste Rezept in einem unscheinbaren Grazer Koch- und Arzneibuch aus dem Jahre 1686 zu finden ist. Andererseits hatte Österreich für die Entwicklung von süßen Sachen häufig eine »Vorreiterfunktion«!

Auch wenn solche Nachweise nicht unbedingt Auskunft über das definitive Alter der Springerle geben – Springerle ähnelnde Rezepte waren schon zuvor aufgetaucht –, so lassen sich die Springerle als Phänomen einer Zeit dadurch besser einordnen. Man darf auf jeden Fall annehmen, dass bei dieser zeitlichen Einordnung der Zucker eine wichtige Rolle spielt. Hintergrund ist auch hier wieder ein Stück historische Handels- und Wirtschaftsgeschichte: Bis ins Spätmittelalter und auch danach noch süßte man mit dem kostengünstigeren Honig. Nun ist einzuwenden, dass dem mit Honig gesüßten Springerlesteig die sprichwörtlichen »Füßle« gefehlt hät-

ten, was umgekehrt bedeutete, dass man auf die damals noch kostspielige Zuckersüße angewiesen war. Wichtig für das erste Aufkommen der Springerle gegen Ende des 17. Jahrhunderts war wohl auch, dass man in gutbürgerlichen Kreisen darin einen wohlschmeckenden Ersatz aus Teig für den teuren, aber begehrten Marzipan aus den reichen Küchen sah, was genug darüber aussagt, welches Prestigedenken seinerzeit mit den Springerle verbunden war. Was den Fürsten mundete, mochten sich eben auch die Untertanen nicht entgehen lassen! Für den weißen Springerlesteig konnte man handelsübliche Zutaten wie Mehl statt der teuren Mandeln verwenden, Eier und Zucker, wobei Zucker auch damals noch keinesfalls eine »Allerweltssüße« war. Daher rühren auch die volkstümlichen Bezeichnungen des Gebäcks wie »Eiermarzipan«, »Marzibaulich« oder »Bauernmarzipan«. Marzipan deshalb, weil die Springerle mehr getrocknet als gebacken wurden und sie daher so weiß wie Marzipan blieben.

Solche Surrogate sind im Übrigen so neu nicht. Vor allem in Kriegen und Notzeiten hatten sie Hochkonjunktur, etwa bei Kaffeeersatz aus gebranntem Getreide, Zichorie oder Malz statt aus echten, gemahlenen Kaffeebohnen.

Ihre eigentliche Blütezeit erlebten die Springerle jedoch erst im 19. Jahrhundert, denn erst da waren mehrere wichtige Voraussetzungen geschaffen, um Springerle und Zuckergebäcke für den Normalbürger erschwinglich zu machen: Der einheimische Rübenzucker wurde bekannt, und Modelformen waren kostengünstiger zu erhalten.

Ein einzigartig schöner hölzerner Springerlesmodel der Familie Gindele aus Ulm, entstanden im Jahr 1699. Die 28 kleinen Bildfelder des insgesamt 76 Zentimeter hohen und 29 Zentimeter breiten Models zeigen unter anderem Reiter, Wappen, Blumen und Fabeltiere.

Die Geschichte der Springerle und erst recht die Geschichte der Model sind natürlich keine alleinige Angelegenheit der Schwaben. Vergessen wir nicht, dass die aus Holz geschnitzten Hohlformen eine jahrhundertealte Vergangenheit haben. Benannt sind sie nach dem lateinischen »modulus = Maß, Form«. Schon in den frühen Hochkulturen Mesopotamiens, Ägyptens oder Griechenlands kannte man solche, damals aus Ton oder Stein bestehende Formen für Honiggebäcke.

In Deutschland markierten im 13. Jahrhundert flache Model aus Kalkstein den Beginn der Modelgeschichte. Sie wurden in den mittelalterlichen Klöstern zur Herstellung des begehrten Würzlebkuchens eingesetzt. Bald darauf kamen auch die Begüterten in Adel und Bürgertum auf den Geschmack, und so galten Modelgebäcke im späten Mittelalter als allseits beliebte Leckerei.

Sicherlich ist es nicht abwegig, dass die Modelmotive eben all das umfassten, was die Menschen seit jeher beschäftigte – Alltag und Feste, Geburt, Hochzeit und Tod, Liebe und Glück, Kurioses und Groteskes. Zunächst war natürlich die religiöse Thematik auf den Modelformen vorherrschend, wobei die Bildmotive den wechselnden Festen im Jahreslauf entsprachen. So weisen Bilddarstellungen wie die Verkündigung des Engels an Maria bereits auf die kommende Advents- und Weihnachtszeit hin. Dazu kommt eine Vielzahl an Modelbildern wie die Krippe, die Anbetung durch die Hirten oder die Verehrung durch die Heiligen Drei Könige.

Traditionell populäre Motive waren aber auch Tiere, Blumen und kunstvolle Ornamente, Jagdmotive oder Kavaliere und Damen in prächtiger Gewandung – Szenen also, die durchaus Einblicke in das Alltags- und Arbeitsleben der Menschen bieten konnten. Überhaupt war man um Motive nicht verlegen. Ganz selbstverständlich schnitzte man die politische oder regionale Geschichte sowie Wappen zu Ehren der Fürstlichkeiten in Holz: etwa Graf Eberhard V. von Württemberg, der seinen Kopf wie in Justinus Kerners Gedicht in den Schoß eines Untertanen legt, oder das Wappen des Herzogtums Württemberg. Auch zeitgenössische Mode oder technische Innovationen wie das Luftschiff oder die Eisenbahn waren als Thema im 19. Jahrhundert verbreitet. Dabei muss man sich vor Augen halten, dass in der medienlosen Zeit vergangener Jahrhunderte Springerle einer »gebackenen Illustrierten« gleichkamen, deren Bildmotive viele wichtige Ereignisse und Erscheinungen ihrer Zeit dokumentierten.

Lange Zeit waren Modelformen wohlhabenden Leuten vorbehalten und ebenso die Gebäcke, die man mit ihnen gestaltete. Gibt es die Springerle heute speziell zur Weihnachtszeit, so wurden sie seit dem späten 17. Jahrhundert zunächst zu allen möglichen Anlässen des Jahres- und Lebenskreislaufs verschenkt: zur Verlobung, zur Hochzeit, zur Taufe oder zum Geburtstag – natürlich versehen mit den passenden Bildmotiven. Damit verbunden waren Aussagekraft und symbolhafter Wert: Ein gebackener Handschuh etwa sollte für Verlobte ein Treueversprechen ausdrücken, mit

einem Herz verdeutlichte man seine Liebe und zur Hochzeit schenkte manch einer Augen zwinkernd ein so genanntes Pfätschenkind, wie man ein in Binden eingewickeltes Baby nannte. Erst im Verlauf des 19. Jahrhunderts wurden die Springerle zunehmend zu einem Saisonprodukt, das man sich vorwiegend als süßen Festschmaus in der (Vor-)Weihnachtszeit gönnte.

Was die Modelformen selbst angeht, so konnte sich diese durch Maschineneinsatz im Verlauf des 19. Jahrhunderts ein entsprechend großes Publikum leisten, in Schwaben hatte beinahe jede Familie eigene. Lebküchner und Konditoren hatten solche Formen berufsbedingt natürlich schon früher in ihrem Besitz.

Gegen Ende des 19. Jahrhunderts wurde die künstlerische Qualität der Springerle zunehmend schlechter, und der einstige Sinngehalt der Bilder geriet weit gehend in Vergessenheit.

Die grundlegende Frage nämlich, »wie gelingen die als heikel geltenden Springerle?«, lässt sich Schritt für Schritt beantworten. Eier und Zucker müssen nach wie vor so lange schaumig gerührt werden, bis sich der Zucker vollständig aufgelöst hat. Das ist mit einer modernen Küchenmaschine recht einfach. Zur Technik des Ausformens gibt es zwei Verfahren, über die sich schwäbische Hausfrauen und Springerlesexpertinnen seit jeher trefflich streiten. Entweder presst man das Teigstück in den Model, oder man verfährt genau umgekehrt, drückt den Model fest auf den Teig und nimmt ihn senkrecht nach oben wieder ab.

Den Anis schließlich streute und streut man in der Regel auf das Backblech und nicht in den Teig, da die Aniskörner das Bildrelief (zer)stören könnten. Dass der Anis aber ein wichtiger Geschmacksträger ist, überliefern alte Springerlesbezeichnungen wie »Anis-Zeug« und »Anismarzipan« oder der französische Ausdruck »pain d'anis« (Anisbrot). Wichtig ist, die ausgemodelten Teiglinge lange trocknen zu lassen – 24 Stunden sollten es schon sein!

Backt man Springerle traditionell in der Adventszeit, so sollte man beim Aufbewahren – kühl und trocken bitte – unbedingt einen Apfel- oder Orangenschnitz in die Blechdose legen. Das Obst

So unterschiedlich können Wellhölzer aussehen. Es gibt sogar welche mit Springerlesmotiven. Von links nach rechts: deutsch, um 1900, Porzellan, Holz; süddeutsch, um 1850, Holz mit eingestochenen Springerlesmotiven; USA, um 1820, buntes Glas; schwäbisch, um 1820, Eisen, geschnitztes Holz.

muss ab und an erneuert werden, da die Springerle die Feuchtigkeit des Obstes aufsaugen. Noch besser aber ist es, die Springerle unmittelbar vor dem Weihnachtsabend zu backen, denn ganz frisch sind die Springerle auf jeden Fall schön weich.

Über den (gegenwärtigen) Gaumenschmaus hinaus hinterlässt eine über Jahrhunderte hinweg lebendige Alltagskultur Spuren, nämlich eine Vielzahl an alten Springerlesmodeln. Gerade im süddeutschen Raum verfügen Privatpersonen, aber auch viele Museen über eine stattliche Anzahl an solchen Modeln. Schloss Waldenbuch etwa, eine Außenstelle des Württembergischen Landesmuseums Stuttgart, oder das Museum der Brotkultur in Ulm, das eine beachtliche Sammlung von Gebäckmodeln besitzt, von denen die schönsten präsentiert werden. Ergänzt werden die Model ab und an durch Abformungen, die eine noch genauere Betrachtung der dargestellten Motive gestatten. Darüber stellt das Haus alljährlich zur Adventszeit Repliken historischer Model zum Springerlesbacken zur Verfügung. Und, wer neben den Springerlesmodeln noch Fragen backtechnischer Art hat oder ein erprobtes Rezept benötigt, der ist hier ebenfalls gleich an der richtigen Stelle.

»Das Hutzelbrot ich hab erdacht ...«

Wer das mit Fug und Recht von sich behaupten kann, bleibt historisch ungewiss. Einen Namen machte sich das Hutzelbrot aber nicht zuletzt durch das wunderbar lebendige Märchen vom Stuttgarter Hutzelmännlein:

»Ein Kobold gut bin ich bekannt
In dieser Stadt und weit im Land;
Meines Handwerks ein Schuster war
Gewiß vor siebenhundert Jahr.
Das Hutzelbrot ich hab erdacht,
Auch viele seltsame Streich gemacht ...«

Geschrieben wurde die Fabel 1832 von Eduard Mörike (1804–1875), der ein Faible für süße Gedichte und Erzählungen gehabt haben muss. Bleiben wir aber noch beim Hutzelmännlein: Klein gewachsen soll es gewesen sein, sodass es den Menschen nicht einmal bis zum Gürtel reichte, dafür aber freundlich und Trost spendend. Für die Bürgerskinder hatte es immer einen Laib Hutzelbrot bereit und zwar offenbar einen ganz besonderen, denn: »So viel du davon schneidst, so viel wachst immer wieder nach im Ranzen oder Kasten, wenn du auch nur ein Ränftlein fingerbreit übrig behältst. Ganz sollst dus nie aufzehren, sonst ist es gar.«

So oder so ist das Hutzelbrot allgegenwärtig in der schwäbischen Weihnachtsbäckerei. In Winterbach (heute Landkreis Günzburg) – und das ist gewiss nicht das einzige Beispiel aus der Region – wurden früher in den meisten Häusern nicht nur ein oder zwei Hutzellaibe gebacken, sondern in der Regel gleich so viele, wie die Familie Personen zählte.

Hutzelbrot backen bedeutet allerdings zeitaufwändige Handarbeit. Seine typische schwarzbraune Farbe erhält das Backwerk vom Saft aufgeweichter Birnenstücke. Diese, vorher geschält

und vom Kernhaus befreit, dörren zu den so genannten Hutzeln. Dazu kommen meist noch gedörrte Zwetschgen ohne Stein.

Das Dörren ist wohl die älteste und einfachste Art, Obst, aber auch Gemüse, Pilze und Kräuter zu konservieren. Zumal getrocknetes Obst nicht unbedingt platzraubende teure Gefäße zur Aufbewahrung benötigt, sondern sich bequem in Leinensäckchen bevorraten lässt. Einmal davon abgesehen, dass die Früchte durch das Trocknen zwar bis zu drei Viertel ihrer Feuchtigkeit verlieren, ihren Nährwert jedoch in konzentrierter Form behalten.

Auf den ersten Blick scheint es ein sehr einfaches Verfahren zu sein. Die frisch gepflückten, verlesenen Früchte werden in der Sonne ausgebreitet, bevor man sie in der Nachhitze des Backofens dörrt, wo das Obst den größten Teil seiner Feuchtigkeit verliert. Die richtige Dörrtemperatur und -dauer sind von großer Bedeutung. Trocknet das Obst zu langsam oder nicht ausreichend lange, schimmelt es. Geht das Trocknen zu schnell, bleiben die Früchte innen feucht und verderben. Dauert der Vorgang zu lange, wird das Obst zu trocken und bricht. Zu hohe Temperaturen wiederum gehen mit hohen Vitaminverlusten einher. Von der richtigen Verarbeitung der »Hutzeln« aber hängt es ab, ob sich das Hutzelbrot lange weich, saftig und frisch hält. Ähnlich wie die früchtereichen englischen Kuchen schmeckt die schwäbische Weihnachtsspezialität nach einer gewissen Lagerungszeit noch besser, da sich Gewürze und Früchte zunehmend verbinden.

Und dennoch: Eine schwäbische Erfindung ist das Hutzelbrot nicht. Schon vor Jahrhunderten entdeckten die Menschen in Früchten und in Honig die wichtigsten Vorgänger des Zuckers als »Universalsüße«. Und so erhielt sich diese Urform einer Süßigkeit durch das Mittelalter bis in die Neuzeit. Dazu muss man sich vor Augen führen, dass Nahrungsmittel umso verderblicher sind, je größer ihr Wassergehalt ist, durch den sich verschiedene Mikroorganismen wie Bakterien, Hefe- und Schimmelpilze entwickeln und ein Lebensmittel verderben können. Das Trocknen dagegen setzt den Anteil des für Mikroorganismen verfügbaren Wassers herab. Vom Altertum bis ins Mittelalter nutzte man zum Süßen der Speisen und des Backwerks Honig und Trockenfrüchte.

Auch für das gehaltvolle Hutzel- oder Früchtebrot verwendet man nur beste Zutaten: Mandeln, Dörrobst, Gewürze und oft noch einen Schuss Wein.

So kannten schon die Ägypter unter der großen Anzahl ihrer Kuchen Feingebäcke mit beigemischten Früchten, vor allem mit Rosinen. Von den Kelten ist ebenfalls überliefert, dass sie einer einfachen Grundmasse, nämlich gewöhnlichem Brotteig, klein geschnittene, getrocknete Früchte als Süße hinzufügten. Nichts von seiner Bekanntheit hatte das Feingebäck, mittlerweile mit getrockneten Birnen gesüßt, im Mittelalter verloren.

Mit dem Backen des Hutzelbrotes begann man früher in der Regel um den Andreastag. Aus gutem Grund: Zu dieser Zeit beginnen die bereits erwähnten »Klöpfelnächte«, bei denen vermummte Burschen, später Kinder mit Versen um Gaben betteln, die in der Regel aus Hutzelbrot bestanden. Ebenso verbindlich war es, das süße Brot an einem der Weihnachtstage – Heiligabend oder dem 26. Dezember – anzuschneiden. Meist geschah das durch den Hausvater, der es dann an die Kinder, Knechte und Mägde verteilte. Im Ostallgäu wurde der Birnzelten am Heiligabend nach der Christmette angeschnitten und dazu Kaffee getrunken. Zugleich war das gemeinsame Anschneiden auch ein verbindendes Ereignis. Wer diesem Termin vorgriff, der bekam im Badischen prompt Eselsohren, vermutete der Volksglauben.

Seit langem ist es in Süddeutschland und in Österreich auch üblich, zur Weihnachtszeit Hutzelbrot an die Bediensteten zu verschenken. Vielfach wurden allen Dienstboten eines Hofes oder Haushalts vertragsmäßig mindestens drei an Weihnachten überreicht. Dies mag damit zu tun haben, dass kurz vor der Weihnachtszeit – Mitte bis Ende November – das bäuerliche Wirtschaftsjahr endete, ein Dienstbotenwechsel anstand und damit verbunden häufig Naturalabgaben als zusätzlicher Lohn vorgesehen waren. Im Schwäbischen erhielt sogar jedes Familien- und Gemeindemitglied ein Hutzelbrot.

Noch andere kleine Wichtigkeiten rund um das Hutzelbrot sind zu berichten. So gingen, ebenfalls in Schwaben, die Kinder früher am Tag der unschuldigen Kinder – dem Gedächtnistag des von Herodes befohlenen bethlehemitischen Kindermordens (28. Dezember) – mit dem Ruf »Zelten raus« herum, um sich beschenken zu lassen. Im Allgäu bezeichnete man den »Birnzelten« auch als »Singat« oder »Singet«, da es meist als Gabe für die Weihnachts- und Neujahrssinger gedacht war. Mancherorts heißt das Backwerk bis heute noch so, obschon man vom Weihnachtssingen schon lange nichts mehr weiß.

Zugleich ist aus Schwaben und im Allgäu noch um 1909 belegt, dass Hutzelbrot spätestens zu Dreikönig, dem letzten Tag der so genannten zwölf Rauhnächte, aufgegessen sein musste, wenn kein Unglück über das Haus kommen sollte. Nach diesem Termin hat selbst der sonst so sparsame Schwabe das Früchtebrot – quasi als »Elementeopfer« – aus der Tür geworfen.

Warum gerade das Hutzelbrot als weihnachtliches Gebäck so tief im Volksglauben verankert ist, hat sicherlich mit der Vorstellung zu tun, dass in den letzten Früchten des Jahres besonders konzentriert die ganze Wachstumskraft stecke. Diese Vorstellung ist schon sehr alten Datums und führte ge-

Hutzelbrot (für 3 Laibe)

Zutaten:
250 g gedörrte Birnenschnitze
250 g getrocknete Pflaumen
20 g Hefe
500 g Mehl
125 g Zucker
250 g Feigen
125 g Zitronat und Orangeat
125 g gemahlene Haselnüsse
125 g gemahlene Mandeln
250 g Rosinen
15 g Zimt
1 Prise Salz
1 Tl Anis

Zubereitung:
Birnen und Pflaumen knapp mit Wasser bedecken und über Nacht einweichen lassen. Die Pflaumen entkernen und würfeln, die Birnen im Einweichwasser aufkochen, ebenfalls würfeln und zu den Pflaumen schütten. Zugedeckt über Nacht auskühlen lassen. Am Morgen die Früchte auf ein Sieb schütten. Mit der Brühe, die etwas angewärmt wird, und mit Hefe, etwas Mehl und Zucker ansetzen. Wenn der Teig gegangen ist, das Mehl und alle anderen Zutaten darunter arbeiten. Den Teig gut zusammenkneten, mit Mehl bestäuben und zugedeckt an einem warmen Ort gehen lassen. Sobald das Mehl Risse bekommt, den Teig erneut kneten und anschließend zu Laiben zu je 500 g formen oder in eine Kastenform füllen. 1,5 bis 2 Stunden gehen lassen. Anschließend die Brote mit etwas zurückbehaltener Schnitzbrühe bestreichen und je nach Größe etwa 1 bis 1,5 Stunden bei 180 bis 200° C backen. Nach dem Backen noch warm wieder mit Schnitzbrühe bestreichen.

rade bei der Herstellung von Weihnachtsbroten dazu, Dörrobst statt des teuren Honigs zu verwenden. Solche so genannten Heilsbrote schienen offenbar besonders wichtig in dieser dunklen Zeit, also in den zwölf Rauhnächten, in denen die Sonne ihren tiefsten Stand erreicht hatte und die Menschen die Umtriebe böser Geister fürchteten.

Weihnachtsduft und Linzer Torte

Zu diesem Thema sei den Lesern ein enthusiastisches Zitat des deutschen Dramatikers Ernst von Wildenbruch von vor gut 100 Jahren nicht vorenthalten: »Was sind aller Dichter Worte/ Gegen eine Linzer Torte«. Kein Wunder, gehört

diese doch neben der Sachertorte zu den berühmtesten österreichischen Backwarenspezialitäten überhaupt und ist mit ihrer rund 300 Jahre alten Tradition gewiss die älteste nach einer Stadt benannten Torte. Wenig später – und das macht die Linzer Torte für uns so interessant – hörte man aus dem Raum Freiburg im Breisgau, wie überhaupt in ganz Baden von ihr. Das überrascht nicht, wenn man sich vor Augen führt, dass dieses Gebiet einst den Habsburgern gehörte und ein Teil Vorderösterreichs war. Das bislang älteste Rezept über eine »Linsen Dorten« in Deutschland stammt denn auch aus Freiburg und wurde im Jahr 1715 niedergeschrieben. Ohne Zweifel also hat eine bewegte Vergangenheit die Region Baden und Würt

Linzer Torte auf einer Ansichtskarte – auch im Badischen gehört sie zum Weihnachtsfest dazu.

temberg eben nicht nur politisch, sondern auch kulinarisch geprägt. Einflüsse aus verschiedenen Ländern waren daran beteiligt, in unserer Region eine interessante und abgerundete Küche zu schaffen. Und so gehört die Linzer Torte mittlerweile schon seit Generationen zur festlichen Tafel in Baden-Württemberg. Vor allem zur Weihnachtszeit wird traditionell in Baden – oft schon acht Tage zuvor – eine Linzer Torte gebacken.

Über die Entstehung der Linzer Torte gibt es unzählige Berichte. Von einem namentlich nicht bekannten Wiener Bäcker ist da die Rede oder einem Linzer, der in seinem Bäckerladen in Bad Ischl das Kaiserpaar Franz Josef und Sissi mit eben dieser Delikatesse bewirtet habe. Am bekanntesten aber ist der Linzer Konditor Johann Conrad Vogel, der seinen Lehrling – so wird erzählt – während seiner Abwesenheit schier ewig an einer Tortenmasse rühren ließ. Das Ergebnis dieser schweißtreibenden Arbeit konnte sich sehen lassen; die so genannte Linzer Torte schmeckte herrlich. Sogar operettenwürdig ist der vermeintliche »Tortenerfinder« mit dieser Erfolgsstory geworden: In der 1944 entstandenen Operette »Linzer Torte« wird neben einer Liebesgeschichte eben auch die Entstehungslegende dieser feinen Backware behandelt.

Kann denn eine Tortenentstehung als Legende abgetan werden, wenn man den Namen und die Lebensdaten des Schöpfers weiß? Sie kann!

Zwar ist bekannt, dass der Lebküchner und Konditor Vogel sein Handwerk in Nürnberg erlernt und 1823 eine Zuckerbäckerei in Linz über-

Linzer Torte

Rezept Linzer Torte:

150 g Butter, 250 g Mehl (700), 150 g Staubzucker, 100 g geröstete Haselnüsse, 1 Ei, Gewürze (Vanille, Zitrone, Zimt, Nelkenpulver), 10 g Backpulver, 300 g Ribiselmarmelade.

Die Butter und den Zucker verkneten. Das gesiebte, mit dem Backpulver vermischte Mehl, Nüsse, Eier und Gewürze dazukneten.

Den fertigen Teig kalt stellen, nach einiger Zeit aus dem Kühlschrank nehmen und vierteln.

Dreiviertel des Teiges ca. 1,5 cm ausrollen (Tortendurchmesser ca. 22 cm), die Ribiselmarmelade aufstreichen. Den restlichen Teig zu Rollen formen und als Gitter und Rand auf die Marmelade auflegen. Mit Ei bestreichen, am Rand mit gehobelten Mandeln bestreuen.

Backzeit 40-45 Minuten bei ca. 190 Grad Celsius.

Gutes Gelingen!

Linz an der Donau

nommen hatte, aber erfunden hat er die berühmte Tortenspezialität deshalb noch lange nicht. Diese war nämlich bereits 100 Jahre vor seiner Geburt bekannt.

Im Grunde genommen handelte es sich bei der Linzer Torte um die Weiterentwicklung der schon lange verbreiteten Mandeltorte. Nach einem speziellen Rezept wurde sie im Laufe der Zeit zur Linzer Torte verfeinert und mit einer gitterförmigen Verzierung über einer Füllung versehen.

Alles, was an Zutaten gut und teuer ist, findet sich in der Linzertorte wieder: Mandeln und Gewürze wie Vanille, Zitrone, Zimt und Gewürznelken, Zucker, Butter, Ei und Mehl. Die erste handschriftliche Überlieferung für eine »Lintzer Dortten« mit Teiggitter ist in einem 1696 entstandenen Kochbuch dokumentiert. Später, im 18. und 19. Jahrhundert, folgten die Rezepte Schlag auf Schlag; es schien in bürgerlichen Haushalten große Mode gewesen zu sein, Linzer Torte zu backen. Noch in einem handgeschriebenen Kochbuch aus dem frühen 19. Jahrhundert findet man auf insgesamt 95 Seiten nicht weniger als fünf Backanweisungen dafür.

Im Ersten Weltkrieg dann hatte man gewiss andere Sorgen als Kuchenbacken und doch lässt sich die Version einer Kriegs-Linzer-Torte ausmachen, die anstelle von Mandeln oder Walnüssen geröstete Haferflocken enthielt. Als selbst diese knapp wurden, verarbeitete man Bucheckern oder gar Kartoffeln.

Während sich in den ältesten Rezepten meist überhaupt kein Ei in der Teigmasse befand, tauchte anno 1815 eine Backanweisung mit einer wahren Fülle von Eiern auf. Von sage und schreibe 32 Eiern in einem Linzerteig ohne Mandeln war da die Rede.

Ein weiterer Qualitätsfaktor ist sicherlich die Füllung. In alten Rezepten machte man es sich gelegentlich etwas einfach mit der allgemein gehaltenen Anweisung: »Füll ein, mit was du willst«. So kannte man Füllungen mit Aprikosen oder Himbeeren ebenso wie mit Apfelgelee oder Nüssen. Heutzutage ist Marmelade für Linzer Torten die entscheidende beziehungsweise einzige Füllkomponente. Diese besteht entweder aus Himbeermarmelade, wie es in Vorderösterreich, Süddeutschland und der Schweiz Usus ist, oder aus roten Johannisbeeren wie in Österreich.

Das typische Gitter über der Füllmasse war bereits in den ältesten Rezepten vorgeschrieben. Tortenbezeichnungen wie »geflochtne Lintzer Dorten« (Conrad Hagger, 1719) oder »Linzer Kreuztorte« (Welser Kochbuch, 1866) zeugen von der traditionellen Verzierung. Diese wurde später so selbstverständlich, dass sie gar nicht immer erwähnt wurde.

Was nun die Backdauer angeht, so schwanken die Angaben zwischen 40 Minuten und vier Stunden.

Unter dem Motto »gut Ding will Weile haben« könnte man sicherlich die 1808 geschriebene Backanweisung zur Linzer Torte aus dem »Bremischen Koch- und Wirtschaftsbuch« zusammenfassen: »... und backt es fort und fort und fort.« Na dann, guten Appetit!

Rezepte für Linzer Torte

Aus dem Kochbuch der Maria Anna Barxlin von 1715:

500 g Mandeln
250 g feiner Zucker
500 g Butter
8 Eier
Schale einer Zitrone
[Vorsicht: Mehlangabe fehlt]

»Nimm ½ lb [Pfund] abgezogene Mandel, ¼ [Pfund] Zucker, stoße es klein, nimm ½ [Pfund] Butter, rühre ihn mit 8 Ayer an, nime die Schallen von einer Citeronen klein geschnitten dazu, rühre alles mit einander wohl, schitte es in einen Reif, lasse es schön gelb bachen, ziere es mit was du willst.«

Nach einem Rezept, das schwäbische Auswanderer 1854 in ihre neue Heimat New Ulm (USA) mitgenommen haben:

1 Pfund Mehl
250 g Zucker
250 g Zitronat

10 Tl Branntwein oder Wein
½ Tl Soda in Wasser gelöst
2 Tl Nelkenpulver (ins Mehl)
2 Tl Zimt
abgeriebene Schale einer Zitrone
250 g Butter
125 g gehackte Mandeln
2 Eidotter
½ Tasse kaltes Wasser

Aus den Zutaten einen Teig bereiten, in eine Tortenform geben und Streifen drauflegen.

Dass man in einem neuen amerikanischen Rezept auch eine Ketchupfüllung finden beziehungsweise nach dem Backen zwischen die Streifen Tomaten-Ketchup gefüllt werden kann, vergessen wir lieber! Wobei diese Angabe nicht aus einem aktuellen amerikanischen Kochbuch stammt, sondern eine Variante des oben angegebenen Rezepts von 1854 ist. Diese Veränderung ist sicherlich nicht europäisch zu nennen, denn Ketchup gab es seinerzeit nicht im Schwabenland.

Anisgebäcke, Zimtsterne und Ulmer Brot

Im Dezember kommen die Wochen, in denen man zu Hause gerne zusammenrückt: zu einer gemütlichen Tasse Kaffee und feinem Adventsgebäck. Es wurde schon gesagt: Weihnachten, das bedeutet backen, mehr, köstlicher und spezialisierter als zu vielen anderen Hochfesten des Jahres. Besonders Kinder freuen sich in der Weihnachtszeit auf das Plätzchenbacken. Aber auch Erwachsene geraten unversehens ins Schwärmen, wenn sie an die schon erwähnten Springerle oder – bleiben wir doch in der Region – an andere schwäbische Weihnachtsspezialitäten denken: Spitzbüble, Ausstecherle, Bärentätzle, Vanillebrötle, Zimtsterne und mehr, eben richtige »Gutsle« oder »Brötle«. Und so wäre ein Kapitel der »süßen Sachen« nicht vollständig, wollte man nicht wenigstens noch einige wenige typische Weihnachtsrezepte hinzufügen. Die Qual der Wahl war da allerdings groß!

Ohne die Aromen der Blüten, Früchte, Wurzeln oder Rinden verschiedener Gewürze wie Anis, Zimt, Koriander oder Nelken wäre das kulinarische Leben nur halb so intensiv – und die weihnachtliche Bäckerei vielleicht nur halb so schmackhaft.

Vor allem durch den Anis erhalten die danach benannten Aniskekse ihr ausgeprägtes »weihnachtliches« Aroma. Die süßlich schmeckenden und wie Samen aussehenden

Anisplätzle

Zutaten:
4 Eier
250 g Puderzucker
2 Päckchen Vanillezucker
1 Prise Salz
1-2 El gemahlener Anis
300 g Mehl

Zubereitung:
Eiweiß steif schlagen, Eigelb mit Zucker rühren, in den Schnee mischen. Gewürze mit Mehl vermengen und unter die Schaummasse ziehen. Die Masse in einen Spritzbeutel mit Lochtülle füllen, auf gut gefettete Bleche kleine Punkte spritzen. Über Nacht trocknen lassen, bis sich die Plätzchen schieben lassen. Bei 160 bis 180° C ungefähr 15 Minuten backen. Das Gebäck soll weiß bleiben.

Früchte der Anispflanze sind als Grundstoff für Liköre und Schnäpse (z. B. Ouzo) bekannt geworden, doch auch in der Weihnachtsbäckerei, etwa als Aroma für Eierschaumgebäcke, eignet es sich besonders gut. Anis gehörte bereits im Altertum zu den bekanntesten Gewürzen und fand da-

Fleißige Hände

Fröhliche Weihnachten!

Plätzchen backen ist bis heute ein adventliches Vergnügen, vor allem für Kinder.

mals als Arznei bei trockenem Husten, Bronchitis, Blähungen und bei der Milchbildung Verwendung. Ursprünglich wurde die Anispflanze in Vorderasien, Ägypten und den griechischen Inseln angebaut, heute ist sie in ganz Europa vertreten. Besonders im süddeutschen Raum ist Anis häufig in den Gärten zu finden und wird dort im Frühherbst gesammelt.

Die typischen weihnachtlichen Gewürze Nelken, Zimt, Kardamom, Ingwer, Anis und Zitro-

Hier reicht die Palette weihnachtlicher Kekse von Anisplätzchen über Printen bis zu Zimtsternen. Jede Menge Klassiker also.

nenschale vertragen sich gut miteinander. Ein Beispiel: das Ulmer Brot. Diese regionaltypische weihnachtliche Spezialität besteht aus Eiern, Zucker, Milch, Rum, Zimt, Nelken, Kakao und Kaffee, Mehl, Backpulver, Zitronat und Orangeat. Unverkennbar ist das süße schwäbische Brot durch den Kontrast zwischen dem goldbraunen Teig und der weißen Glasur.

Ulm als Freie Reichsstadt war reich und hatte Zugang zu den früher noch kostbaren und kostspieligen Gewürzen. Offenbar konnte sich ein guter Teil der städtischen Bürger über das tägliche Brot hinaus dieses gewürzreiche Ulmer Backwerk der gehobenen Klasse leisten.

Hergestellt werden in baden-württembergischen Backstuben auch gerne Zimtsterne, obschon sie natürlich nicht hier ihre Wurzeln haben. Wie andere Gewürze kam der aus Südostasien stammende Zimt durch den mittelalterlichen Handel mit dem Orient zu uns und war sehr kostspielig. Demzufolge war auch das »Zimt-Konfekt« ein fürstliches, ja geradezu ein königliches Backwerk, das für den Straßenverkauf lange Zeit zu teuer war. Als Kaiser Karl V. im April 1536 nach Rom kam, reichte ihm Kardinal Lorenzo Campeggio ein Essen, bei dem es zum zwölften Gang unter anderem Makrönchen, Anis- und Pistazienkonfekt, Orangeat und Zimtsterne gab, womit wir gleich die frühesten Daten zur Entstehung dieser drei Gebäcke hätten. Erst sehr viel später findet man in den gutbürgerlichen Kochbüchern des 18. Jahrhunderts Rezepte des Zimtsterns.

Ulmer Brot

Zutaten:
3 Eier
500 g Zucker
$1/_8$ l Milch
1 El Rum
1 Messerspitze gemahlene Nelken
je 1 Tl Kakao und Kaffee
800 g Mehl
1 Päckchen Backpulver
1 Messerspitze Hirschhornsalz
je 20 g Zitronat und Orangeat
Für die Glasur:
200 g Puderzucker
2–3 El Wasser

Zubereitung:
Die Eier mit dem Zucker schaumig rühren. Gewürze, Kakao und Kaffee sowie den Rum und einen kleinen Teil der Milch hinzugeben. Das mit dem Mehl vermischte Backpulver und das in der restlichen Milch aufgelöste Hirschhornsalz einarbeiten. Erst jetzt das gehackte Zitronat und Orangeat unterziehen. Den Teig nun auf ein gut gefettetes Blech streichen und bei 180° C etwa 30 Minuten backen. Nach dem Abkühlen in Schnittchen schneiden, den Puderzucker mit 2–3 Esslöffel Wasser verrühren und das Brot glasieren.

Zimtsterne

Zutaten:
3 Eiweiß
250 g Puderzucker
1 Päckchen Vanillezucker
3 Tropfen Backöl Bittermandel
1 Tl gemahlener Zimt
300 g gemahlene Mandeln oder Haselnüsse

Zubereitung:
Das Eiweiß zu einem steifen Schnee schlagen, den Puderzucker esslöffelweise unterschlagen. Zum Bestreichen der Sterne gut 2 Esslöffel Eischnee abnehmen und aufbewahren, unter den Rest ein Päckchen Vanillezucker, das Bittermandel-Backöl und den Zimt sowie etwa die Hälfte der gemahlenen Mandeln oder Haselnüsse unterkneten. Vom Rest der Mandeln so viel unterkneten, dass der Teig kaum noch klebt.

Den Teig auf einer mit gemahlenen Mandeln oder Haselnüssen bestreuten Tischplatte 0,5 Zentimeter dick ausrollen, Sterne ausstechen und auf ein mit Backpapier belegtes Backblech legen. Mit dem zurückgelassenen Eischnee bestreichen. Im vorgeheizten Backofen 20–30 Minuten backen (Strom: 130–150° C, Gas: 1–2). Das Gebäck sollte sich beim Herausnehmen noch etwas weich anfühlen.

Unverkennbar: Advents-
zeit ist Plätzchenzeit!
Und die Kinder greifen
besonders gerne zu.

Bärentatzen oder Schokoladenmuscheln

Zutaten:
4 Eiweiß
250 g Puderzucker
abgeriebene Schale und Saft einer Zitrone
125 g geriebene Schokolade
1 Päckchen Vanillezucker
1 Messerspitze Zimt
250 g ungeschälte geriebene Mandeln

Zubereitung:
Eiweiß zu festem Schnee schlagen, mit Zucker, Zitronensaft und -schale dickschaumig rühren. Die mit dem Zimt vermengte Schokolade zugeben, noch kurz mitrühren, dann erst die Mandeln zufügen.

Aus dem Teig kleine Kugeln formen und in die mit Zucker ausgestreuten Muschelförmchen drücken.

Die Bärentatzen herauslösen und auf ein mit Backpapier bestreutes Backblech setzen, über Nacht trocknen lassen und etwa 20 Minuten im vorgeheizten Backofen backen (Elektroherd: 150–175° C, Umluftherd 125 bis 150° C, Gasherd 1–2.

... dann steht das Christkind vor der Tür

Über den Ursprung des Weihnachtsfestes

Was lässt sich über den Ursprung des Festes im Sinne gesicherter historischer Daten sagen? Zunächst einmal das Folgende: Die Festlegung auf den 25. Dezember als den eigentlichen Tag der Geburt Christi resultiert aus dem fehlenden religionsgeschichtlichen Wissen um den genauen Tag und das Jahr von Christi Geburt. Weder im Evangelium des Matthäus noch in dem des Lukas sind Angaben zum genauen Datum der Geburt gemacht worden. Jesus könnte also genauso gut an einem anderen Tag zur Welt gekommen sein.

Mit der Festlegung auf diesen Termin reagierte vielmehr die römische Gemeinde auf ein heidnisches Staatsfest. Sie ist demnach einzig und allein ein Ergebnis sozialer und machtpolitischer Umstände in der europäischen Frühzeit.

Grob lässt sich die historische »Entstehungsgeschichte« des Weihnachtsdatums so skizzieren: Bereits in heidnischen Zeiten betrachtete man den 25. Dezember – den Tag der Sonnenwende und damit des Herannahens des nächsten Frühlings – als einen ganz besonderen Tag. Bei den Ägyptern beispielsweise wurde im Zuge des Kults um die ägyptische Gottheit Isis zu diesem Termin die Geburt des Horus-Kindes festlich begangen.

Auch der vorderasiatische Mithras-Kult feierte am 25. Dezember die Geburt des ursprünglich indischen Lichtgottes, dessen Bedeutung über Mesopotamien und Vorderasien allmählich in den Einzugsbereich des Römischen Reiches einwanderte.

Kaiser Aurelian initiierte an diesem Geburtstag des Sonnengottes im Jahr 274 das so genannte Sol-invictus-Fest, eine heidnische Staatsfeier mit ausgedehnten Tempelfesten und Zeremonien, mit der die Wintersonnwende, also der symbolische Sieg der Sonne über die Finsternis, festlich begangen wurde.

Christianisierung eines Feiertags

Nun war es durchaus frühe Kirchenpolitik, heidnische Riten und Feste mit christlichen Inhalten zu füllen, also den Versuch zu unternehmen, die verschiedenen heidnischen Geistesströmungen innerhalb des römischen Reiches zu kanalisieren. Diese Einstellung liefert das wesentliche Argument dafür, den Gedenktag der Christgeburt auf den Termin dieser mittwinterlichen römischen Reichsfeier zu legen. Damit gelang es, einen religiös-christlichen Rahmen für den 25. Dezember zu schaffen, indem der Sonnengott zu einer Sonne der Gerechtigkeit umgedeutet wurde, zum »Lux mundi«, also dem Licht der Welt. Papst Liberius war es, der das Christusfest

Dass das Weihnachtsfest im 19. und beginnenden 20. Jahrhundert eine städtisch-bürgerliche Prägung hatte, wird an dieser Darstellung besonders gut sichtbar.

erstmals am 25. Dezember des Jahres 354 feierlich in einer eigenen Kirche in Rom begehen ließ. Aber erst rund 30 Jahre später, im Jahr 381, erhob Kaiser Theodosius den 25. Dezember als hervorgehobenen Festtermin auf dem Konzil zu Konstantinopel zum Dogma.

Und auch danach sollte es noch lange dauern, bis sich Weihnachten in seinem heutigen Sinn durchsetzen konnte. Für die orthodoxe Kirche beispielsweise blieb der 6. Januar noch lange der Termin der Christgeburt. Im deutschen Sprachraum setzte sich der Brauch, das Christusfest am 25. Dezember zu begehen, erst im 7. und 8. Jahrhundert endgültig durch. 813 erklärte man auf der Mainzer Synode diesen Tag offiziell zum »festum nativitatis Christi«, zum Fest der Geburt Christi. Zugleich setzte die Kirche diesen Tag zunächst als Eröffnung des Kalenderjahres fest, was nahe liegend schien, denn mit der Geburt des »Neuen Lichts Christi« ließ sich das Jahr sinnvoll beginnen.

In den nachfolgenden Jahrhunderten etablierten sich nach und nach die bekannten Symbole und Bräuche rund um Weihnachten. Zunächst fügte die christliche Kirche im Mittelalter die Krippe und vor allem die Krippenspiele hinzu. Die Tradition des Schenkens am Weihnachtsabend wiederum hängt eng mit der Entwicklung des Protestantismus zusammen. Dieser versuchte sich gegenüber dem katholischen Glauben abzusetzen, indem er im 16. Jahrhundert die Kinderbescherung durch den Heiligen Nikolaus vom 6. Dezember mehr und mehr auf den Weih-

nachtstag verlegte, um dem Weihnachtsfest eine größere Bedeutung zu verleihen. Auch die enge Beziehung zwischen Weihnachten und dem geschmückten Baum hat eine vergleichsweise kurze Geschichte, denn erst im frühen 19. Jahrhundert, in der Zeit des Biedermeier, fand der Kerzen tragende Weihnachtsbaum endgültig Eingang in die Kreise des aufstrebenden Bürgertums. Gemeint ist damit, dass sich in dieser Zeit des relativen Wohlstands Weihnachten vom religiösen Fest zunehmend auch zum nichtkirchlichen Bescher- und Familienfest entwickelte. Und so gibt es Weihnachten als – sagen wir – »ganzheitliche Erscheinung« mit Weihnachtsbaum, Krippe, Geschenken und im Familienkreis gesungenen Liedern erst seit rund 130 Jahren. Dabei ist nicht zu übersehen, dass es die christliche Kirche war – und zwar über die Konfessionsgrenzen hinweg –, die über Jahrhunderte hinweg brauchbildend gewirkt hatte.

»Ze de wihen nahten«

Womit wir bei der Frage nach dem Ursprung des Wortes »Weihnachten« angelangt wären. Dabei stößt man auf den mittelhochdeutschen Begriff »ze wihen naht«, das heißt »in den geweihten Nächten«. Diese Wortdeutung erscheint zunächst etwas verwirrend, weil sie – so aus dem ursprünglichen Zusammenhang herausgerissen – die Übernahme aus einem anderen Glaubensbereich rund um die geweihten Nächte des Mittwintertermins andeutet. Erstmals tritt

diese Formulierung 1170 in der Literatur bei dem bayerischen Spielmann und Spruchdichter Spervogel auf:

»Er ist gewaltic unde starc,
der ze wihen naht geborn wart:
daz ist der heilige krist ...«

Wie der Weihnachtsbaum die Welt eroberte

»... Und wenn du folgst und artig bist,
dann ist erfüllt dein Traum,
dann bringet dir der heil'ge Christ
den schönsten Weihnachtsbaum ...«

Was Heinrich Hoffmann von Fallersleben – mit unmissverständlich pädagogischer Zielsetzung – hier zu Papier brachte, ist ein Beleg für die vielfältige Beschäftigung mit dem Tannenbaum. Und um zugleich die andere Seite der Wirklichkeit abzubilden, sei aus dem Gedicht »Morgen, Kinder, wird's nichts geben« von Erich Kästner zitiert: »Gänsebraten macht Beschwerden ... Puppen sind nicht mehr modern ...« und nicht zuletzt: »Ohne Christbaum geht es auch ...« Da liegt die Schlussfolgerung nahe, dass der Weihnachtsbaum, um den sich am Heiligen Abend vieles dreht, durchaus ein Indikator gesellschaftlicher Verhältnisse sein kann.

Aber von vorn. Reichhaltig sind die literarischen Überlieferungen, die verdeutlichen, dass Schmuck und Kerzen einen einfachen Tannenbaum in das Symbol weihnachtlicher Freude und Behaglichkeit schlechthin verwandeln. Sein Erfolg ist bis heute ungebrochen, er verzaubert Pa-

läste ebenso wie einfache Stuben: »Geschmückt mit Silberflitter und großen weißen Lilien, einen schimmernden Engel an der Spitze und ein plastisches Krippenarrangement zu seinen Füßen ...« – meisterhaft beschrieb schon Thomas Mann um 1900 den Christbaum einer Lübecker Kaufmannsfamilie, den Buddenbrooks.

Am Anfang war der Baum

Eines sei gleich vorweg gesagt: Grundsätzlich ist der Baum eines der ältesten und verbreitetsten Symbole und spielt eine elementare Rolle in der Religion, in Märchen und Sagen, in Dichtung und Volksbräuchen – als Symbol des Schutzes, der Kraft, als Glücksbringer und Helfer. Geschichten über Geschichten eben. Die Achtung vor dem Christbaum, oder weiter gefasst der immergrünen Büsche und Bäume, ist alte Praxis und so ist nicht von der Hand zu weisen, dass die Verehrung von Immergrün, mit dem man in der winterlichen vegetationsarmen Zeit die Wiederkehr des Frühlings beschwor, heidnische Ursprünge hat.

Bleibt noch die Frage, ob, und wenn ja, welche christlichen Wurzeln der Weihnachtsbaum nun eigentlich hat. Neben Hirten- und Krippenspielen pflegte man früher am 24. Dezember auch so genannte Paradiesspiele aufzuführen, die die Geschichte des Sündenfalls im Paradies wiedergeben.

In der Bibel ist die Gattung dieses Baumes nicht angegeben, und so traten jeweils einheimische Bäume an seine Stelle. Das war in Deutschland traditionell der die »verbotene Frucht« tragende Apfelbaum. Aber wo fand man hier in der Weihnachtszeit schon einen Früchte tragenden Apfelbaum? Und so wählte man stattdessen die immergrüne Tanne, an die man den Apfel als Symbol der ersten Sünde hängte.

Überhaupt schmückte man vielerorts die Häuser und Gehöfte, die Wohn- und Stalltüren mit grünen Zweigen, mit Eibe, Efeu und Buchsbaum, vor allem aber mit Tannenzweigen – ein Brauch, der im mittelalterlichen Deutschland häufig mit kirchlichen Verboten belegt war. Aus dieser Form des pflanzlichen Wintergrüns ist aber keineswegs die Schluss-

Geschmückter Weihnachtsbaum um 1900

folgerung zu ziehen, dass unser Weihnachtsbaum auf die immer wieder gern bemühten »heidnisch-germanischen Ursprünge« zurückgeht. Viel zu lange hat man sich mit vagen Kontinuitätsbehauptungen, die den Weihnachtsbaum bis in die graue Vorzeit zurückdatieren wollten, beschäftigt. Grüne Zweige oder Pflanzen machten einen Baum aber noch nicht automatisch zu einem klassischen Weihnachtsbaum in heutigem Sinne, zumal sie in der Regel außen und nicht in der Stube aufgestellt wurden.

Vielmehr entstand dieser Gedanke des Grünschmucks in einem ganz anderen sozialhistorischen Zusammenhang, in einer Kultur nämlich, deren Weltbild von in der Landwirtschaft arbeitenden Menschen bestimmt war, die mit grünen Zweigen religiös-magische Vorstellungen verbanden und sich davon neue Lebenskraft und Fruchtbarkeit erhofften. Ein Sinnbild des Lebens eben!

Vom grünen »meien« zum geschmückten Weihnachtsbaum

Vor allem im Elsass wurden so eifrig kleine Tannenbäume zur Freude und Erbauung aller auf die öffentlichen Plätze und in die Stuben gepflanzt, dass die Stadträte von Schlettstadt aus Fürsorge für den Wald entsprechende Gesetze erließen. Notwendigerweise: So findet sich am 21. Dezember 1568, dem Tag des Heiligen Thomas, die Forderung, dass die Förster »die meyen am sand Thomastag hüten« sollten, also die Wälder rund um die Stadt zu bewachen hatten, damit

die »meien« – so bezeichnete man die festlichen Bäume – nicht unkontrolliert geschlagen würden. Eine der frühen Erwähnungen des Baums in der Weihnachtszeit ist also ein Verbot. Doch die Menschen der Region, einmal auf den Geschmack gekommen, ließen sich die Freude am Weihnachtsbaum offenbar nicht nehmen. Um solches Ungemach zu steuern, kündigte die Obrigkeit später eine bemerkenswerte Order an: So sollte kein Bürger »uf die Weihnachten mehr dann einen Meyen hauen, soll nit lenger sein dann 8 Schue lang«, was immerhin 2,50 Meter sind.

Der erste Schritt vom bloßen Grün auf den Plätzen und in den Stuben zum geschmückten Weihnachtsbaum vollzog sich ansatzweise bereits im frühen 15. Jahrhundert. Zunächst kennt man Berichte aus dem Festgeschehen des städtischen Handwerks und der Zünfte, wenige aus der Familienstube. Die erste oder eine der ersten Nachrichten darüber stammt aus einer Bremer Zunftchronik von 1570, die ausführlich von einem kleinen Tannenbaum, der mit Äpfeln, Nüssen, Datteln, Brezeln und Papierblumen geschmückt und im Zunfthaus aufgestellt war. Hier wird also der älteste Christbaumschmuck überhaupt erwähnt, dessen symbolische Bedeutung auf der Hand liegt: der Apfel als Zeichen des Sündenfalls und der Vertreibung aus dem Paradies; die Hostie hingegen das Symbol der Geburt Christi, mit der die Erlösung von der Sünde ihren Anfang nahm. Die Kinder der Zunftgenossen durften den Baum dann zu Weihnachten abschütteln. Ähnliche, vielleicht etwas jüngere Parallelberichte kennen wir

von den Schneidergesellen in Basel, aus Schlettstadt oder aus dem ebenfalls elsässischen Türkheim, wo die Stubenmeisterrechnungen zwischen 1597 und 1669 regelmäßig die Ausgaben für Äpfel, Oblaten und anderen Weihnachtsbaumschmuck verzeichneten. Die Quelle allerdings, in der behauptet wird, die Freiburger Bäckerzunft habe bereits 1419 einen mit Äpfeln, Oblaten und Lebkuchen geschmückten Baum aufgestellt, entspricht nicht der historischen Realität – auch wenn dazu ab und an Widerspruch aus der Region kommt.

Abgötterei, Lappalie und Aberglauben

Wie so vieles ist auch die Verbreitung der »Weihnachtsmeien«, also der grünen Zweige, und des Weihnachtsbaums keineswegs ein – sagen wir – einheitlicher und gradliniger Prozess. Immer wurde dieser Brauch individuell und gesellschaftlich gewertet. Das ist weniger abwegig, als es uns heute scheint. Geiler von Kaisersberg (1445–1510) entsetzte sich vor annähernd 500 Jahren über den Weihnachtsbaum und geißelte ihn als geradezu »heidnisch«. Die Heiden hätten um Neujahr den Januar oder Janus geehrt, »etlich mit tantzen und springen, ander mit stechen, ander mit Danreis legen, ander mit bechten (schmausen), ander daß sie einander gaben schicken, lebkuchen.« Diese Art Argumente hatte damals Geschichte: Auch der lutherische Prediger am Straßburger Münster, Conrad Dannhauer, verdammte 1657 von der Kanzel herab die unschuldi-

ge Freude am Weihnachtsbaum als »Abgötterei« und als aus dem »Papsttum« stammenden Aberglauben: »Unter anderen Lappalien, damit man die ganze Weihnachtszeit oft mehr als mit Gottes Wort und heiligen Übungen zubringet, ist auch der Weihnachts- oder Tannenbaum, den man zu Hause aufrichtet, denselben mit Puppen oder Zucker behängt, und ihn hiernach schütteln und abblümen lässt.«

Eigentlich könnten uns solche Kontroversen und der dahinter stehende Glaubenskrieg heute egal sein, denn ungeachtet solcher religiösen Sittenwächter sollte der Weihnachtsbaum eine ganz besondere Bedeutung erhalten.

Wann aber beginnt nun die eigentliche Geschichte des geschmückten Weihnachtsbaumes im Inneren des Hauses?

»Bäume leuchtend, Bäume blendend«

Vom Elsass aus machte der Weihnachtsbaum seinen Weg nach Deutschland, von Norden nach Süden und, auf die Gesellschaftsklassen bezogen, von oben nach unten. In der zweiten Hälfte des 16. Jahrhunderts, so hören wir, hatten die protestantischen Stadtzünfte ihren Weihnachtsbrauch aus der Geselligkeit der Zunftstuben in die Familie verlegt. Die Reformatoren verstanden den mit Lichtern geschmückten Tannenbaum zunehmend als *das* Weihnachtssymbol der Protestanten. Noch 1896 befasste sich die »Schlettstadter Zeitung« reichlich abfällig mit dem Protestantismus als »Tannenbaum-Religion«, und in der Tat blieb

der Weihnachtsbaum umgekehrt der katholischen Kirche lange fremd.

Im 17. und 18. Jahrhundert erfasste der Christbaumbrauch nach und nach die Städte, wohingegen er auf dem Lande eher unbekannt blieb. Als Träger dieser neuen Mode erwiesen sich neben der bürgerlichen Handwerkerwelt die kleine Schicht der hohen Beamten und wohlhabenden Bürger sowie die europäischen Aristokraten und Fürstenhöfe. Hier verdichtet sich denn auch die Zahl der literarischen Belege. Vom festlich geschmückten Weihnachtsbaum dieser Zeit hat man eine bessere Vorstellung, liest man beispielsweise Goethes Beschreibung eines Weihnachtsbaums in Leipzig, den er 1765 im Hause der Großeltern von Theodor Körner gesehen hatte: »... mit allerlei Süßig-

Lichterglanz und Bescherung – die Kinder in dieser biedermeierlichen Szene bewegen sich freudig inmitten der weihnachtlich geschmückten Wohnstube. Historische Postkarte nach einer Bildvorlage von Joh. M. Voltz.

keiten war er behangen, darunter Lamm und Krippe mit zuckernem Christkind.« Und gleich noch ein Beispiel, bei dem Tragödie und Idyll nahe beieinander liegen: Mit einem letzten Besuch vor Weihnachten lässt Goethe seinen Werther nochmals das Leben feiern, bevor er in den Tod geht. Der Sog des Weihnachtsbaums durch den Erfolg des Werther wirkte schon ein halbes Jahrhundert später weit über den Hof von Weimar hinaus.

Welche Bedeutung als Gradmesser des sozialen Status der Weihnachtsbaum hatte – das alles ist 1737 bei dem Wittenberger Rechtsdozenten Gottfried Kissling nachzulesen: »Am heiligen Abend stellt sie (die Hausfrau) in ihren Gemächern so viel Bäumchen auf, wie sie Personen beschenken wollte. Aus deren Höhe, Schmuck und Reihenfolge in der Aufstellung konnte jedes sofort erkennen, welcher Baum für es bestimmt war. Sobald die Geschenke verteilt und darunter ausgelegt und die Lichter auf den Bäumen und neben ihnen angezündet waren, traten die Ihren der Reihe nach in das Zimmer, betrachteten die Bescherung und ergriffen jedes von dem für es bestimmten Baum und den darunter bescherten Sachen Besitz.«

Die gesamte Choreografie des Weihnachtsbaums war hier festgelegt: Kein Gemeinschaftsbaum, vielmehr gab es sozial abgestuft viele einzelne!

Ende des 18. Jahrhunderts dann hatte sich dieser Brauch an den protestantischen Höfen und in den protestantischen Reichsstädten eingebürgert – fast ein Objekt der Repräsentation und eben der

Welt wohlhabender Adels- und Fürstenhäuser zuzuordnen. Erstaunlich bei diesem Enthusiasmus, dass der Weihnachtsbaum früher einmal angefeindet worden war.

Bayerisch-schwäbische Verordnungen

Bis sich der Weihnachtsbaum in der gesamten Bevölkerung – vor allem im katholisch geprägten Süden – endgültig durchsetzen konnte, war der Sprung ins 19. Jahrhundert längst getan. Vor allem in den Kriegsjahren 1870/71 und dann noch einmal 1914 wurde der Weihnachtsbaum als »echt deutsches Festsymbol« bekannt. Vielfach auf Veranlassung der aristokratischen Heerführer waren Christbäume in den Quartieren und Lazaretten aufgestellt und dann von den heimgekehrten Soldaten quasi aus den Schützengräben in die Familien getragen worden.

Verschiedene historische Berichte und volkskundliche Befragungen lassen vermuten, dass der Weihnachtsbaum zumindest gegen Ende des 19. Jahrhunderts auch in Schwaben allenthalben die heimischen Stuben erreicht zu haben scheint. Aus der Fülle der Beispiele seien hier nur einige wenige genannt. So ist aus Winterbach, Mönstetten und Kemnat (heute Landkreis Günzburg), aus Gundelfingen (heute Landkreis Dillingen), Hochaltingen und Nordheim (heute Landkreis Donau-Ries), Illereichen-Altenstadt (heute Landkreis Neu-Ulm), Mattsies, Oppertshausen und Oberegg (heute Landkreis Unterallgäu) oder aus Gessertshausen (heute Landkreis Augsburg)

durch entsprechende Erhebungen belegt, dass sich in den meisten Häusern um 1909 der geschmückte Christbaum eingebürgert hatte.

Zum Teil wurde noch weiter differenziert: So wusste die Gewährsperson aus Oxenbronn (heute Landkreis Günzburg) zu berichten, dass der im Dorf bekannte Christbaum, der früher lediglich mit Zuckergebäck und vergoldeten Nüssen behangen war, mittlerweile Glasschmuck (Kugeln) trage. Aus Illertissen erfahren wir um 1909, dass der Christbaum dort erst seit 20 Jahren allgemein eingebürgert war, in Unterjoch (heute Landkreis Oberallgäu) seit ungefähr 30 Jahren. Eine eindeutige Datierung liegt auch aus Thalhofen vor (heute Landkreis Ostallgäu), von wo man uns wissen lässt: »Der Christbaum ist seit dem Jahre 1871 fast überall, wo man Kinder hat, eingeführt. Veranlassung hierzu waren die Erzählungen der Kriegsveteranen über die Christbaumfeier im Feindesland. Derselbe war vorher nur dem Namen nach bekannt in hiesiger Gegend«.

Offensichtlich also war eine recht verblüffende »Bayerisch-schwäbische allerhöchste Verordnung« aus dem Jahre 1804 auf Dauer nur Papier geblieben, zumindest lässt sich nicht nachweisen, inwieweit diese Verordnung tatsächlich angewandt wurde. Allerdings hatte es sich dabei auch um eine recht drakonische Maßnahme gegen ein doch recht harmloses Vergnügen gehandelt.

Man höre: »Auf die erhaltene Anzeige von der in einem großen Theile der hiesigen Provinz herrschenden Gewohnheit, den Kindern auf das Weihnachtsfest Christbäume aufzustellen, hat man sich veranlasst gesehen, diesen der Forstkultur so nachtheiligen und ganz zwecklosen Missbrauch abzustellen. So wird daher sämtlichen Polizeibehörden aufgetragen, dieses Verbot allgemein bekannt zu machen, mit der nöthigen Aufmerksamkeit über dessen Vollziehung zu wachen, sich erforderlichen Falls, vorzüglich in Häusern, wo Kinder sind, durch Augenschein zu überzeugen und die Übertreter mit einer angemessenen Geld- oder Leibesstrafe zu belegen.«

Das ist so neu in der Geschichte nicht, auch wenn jeweils andere (wirtschaftliche) Argumente dafür angeführt wurden. Denunzierte Kaffeetrinker beispielsweise mussten im 18. Jahrhundert noch Strafe zahlen, es gab »Kaffeeverordnungen« und amtliche preußische »Kaffeeriecher« schnupperten nach illegalen Röstereien.

Zurück zum Weihnachtsbaum. Vielleicht war das oben zitierte Verbot mit ein Grund, dass es besonders in Franken, aber auch in Teilen Schwabens, zunächst ab und an auch andere (Grün-)Varianten gab, bevor sich der Weihnachtsbaum in unterschiedlicher Formfülle endgültig durchsetzen konnte: Auch in einem großen Topf stehende Zweige und Äste erfüllten die Funktion des Tannenbaums. Schaut man genauer hin, wird man feststellen, dass gelebte Alltagskultur, auch wenn sie der Vergangenheit angehört, Spuren hinterlässt. Und so findet man die geschmückten »Weihnachtszweige«, nur ein Beispiel, als Bildmotiv auf einem Holzmodel wieder. Es handelt sich um die Darstellung einer Weihnachtsbescherung mit üppig gehaltener Festtafel sowie mit

Zweigen in einem Topf, wobei die Äste mit Süßigkeiten für die Kinder behängt sind. Davon weiß auch der Maler Albrecht Adam (1786–1862) zu berichten. In seiner Heimatstadt Nördlingen habe »man nicht den düsteren Tannenbaum für die Christbescherung, sondern setzt schon monatelang den jungen Stamm von einem Kirsch- oder Weichselbaum in einer Zimmerecke in einen großen Topf. Gewöhnlich stehen diese Bäume bis Weihnachten in voller Blüte und dehnen sich weit an die Zimmerdecke aus«.

Dieser Bericht erinnert natürlich stark an den Brauch um die so genannten Barbarazweige. Dabei wurden – vielfach bis in die Gegenwart – am 4. Dezember, dem Tag der frühchristlichen Märtyrerin und Heiligen Barbara, Zweige von Kirschbäumen oder Forsythiensträuchern abgeschnitten, in eine Vase gesteckt und an einen hellen Platz in der Wohnung gestellt. Wenn die Zweige an Weihnachten blühten, galt das als gutes Omen. Dieser Brauch ist im Wesentlichen aus Bayern, Baden, Schwaben, Tirol, Niederösterreich, Böhmen und Westfalen überliefert. Auch die Barbarazweige wurden früher häufig zum Fest mit Süßigkeiten für die Kinder behängt.

Umgekehrt gibt es natürlich auch Ausnahmen. Immer wieder finden sich Belege, die vor Augen führen, wie jung die Erscheinung des Weihnachtsbaumes eigentlich ist: 1953 etwa erhielt eine Gewährsperson die Auskunft, dass in kleineren katholisch geprägten Dörfern des Schwarzwalds – obschon hier ja wahrlich genügend Bäume zur Verfügung stünden – vielfach noch kein »Lichter-

Ein zweiseitiger rechteckiger Model aus Holz mit illustriertem ABC und der Weihnachtsbescherung sowie den aus einem Topf wachsenden Zweigen, wie sie in Teilen Schwabens vor dem 19. Jahrhundert als Weihnachtsbaum gebräuchlich waren. Ungewöhnlich an dem Model, der um 1780 in Süddeutschland entstand, ist auch die Darstellung der reichhaltigen Festtafel und der Geschenke.

baum« am Heiligen Abend aufgestellt werde. Und aus Kirchzarten im Breisgau hören wir, dass es bis in die allerjüngste Vergangenheit Häuser gibt, in denen sehr wohl eine Krippe, nicht aber der mit Kerzen geschmückte Weihnachtsbaum steht.

»Welche Fülle von Poesie liegt in dieser schönen Sitte«

Ein flüchtiger Blick über Zeiten und Länder ergibt, dass der Christbaum nach und nach auch außerhalb des Elsass und Deutschlands Fuß fassen konnte. 1841 heiratete Prinz Albert Prin-

zessin Viktoria, Königin von England. Aus der arrangierten Ehe wurde die große Liebe und Viktoria schmückte auf Alberts Wunsch hin – der seine Kindheitserinnerungen an einen prächtig geschmückten Weihnachtsbaum mit nach England gebracht hatte – einen Weihnachtsbaum auf ihrem Familiensitz Osborne House (Isle of Wight). 1841 stellte Viktoria den Weihnachtsbaum zum ersten Mal auf. Aus Holz, mit kleinen Geschenken und Zuckerwerk, vom Konditor hergestellt, bescheinigte die Königin dem Weihnachtsbaum mit schwärmerischen Worten: »Welche Fülle von Poesie liegt in dieser schönen Sitte.«

Bei Viktorias Untertanen allerdings musste sich der Weihnachtsbaum erst gegen eine Konkurrenz durchsetzen: den flambierten Plumpudding. Dessen zwölf Gewürze sollen Jesus und die zwölf Apostel symbolisieren, der Holzlöffel bezeichnet das Kreuz Christi.

Erst eine Londoner Zeitung sorgte für die Verbreitung des Weihnachtsbaumes in England, als sie 1848 ein medienwirksames Bild des Weihnachtsbaums bei Viktoria und Albert veröffentlichte.

Etwa um dieselbe Zeit, 1840, gelangte der Weihnachtsbaum auch nach Frankreich. Hier wurde er auf Betreiben der deutsch gebürtigen Herzogin Helene von Orléans in den Tuilerien von Paris aufgerichtet. Wirklich populär wurde der Christbaum in Frankreich jedoch erst nach 1870.

Auch in der »Neuen Welt« machte man im Laufe des 19. Jahrhunderts Bekanntschaft mit diesem Brauch, den deutsche Auswanderer mit nach Amerika genommen hatten.

Und noch ein Letztes: Über eine »bequemere« Alternative zum natürlichen (Christ-)Baum hören wir bereits im 19. Jahrhundert. Diese ersten künstlichen Weihnachtsbäume waren aus Gänsefedern und Leim.

Der Christbaumschmuck

Wollte man Menschen der vergangenen Jahrhunderte den Christbaumschmuck der jüngeren Gegenwart erklären, sie würden staunen über die Wunder der Elektrizität sowie über die Vielfalt und Fülle des Schmucks. Die Geschichte des Christbaumschmucks beginnt – falls jemand beim Weihnachtsbaum gleich an Glaskugeln, Lametta und kostbar verzierte Anhänger denkt – sehr schlicht mit den religiös motivierten Symbolen Apfel und Oblate. In den Tagebuchaufzeichnungen eines unbekannten Autors über seine elsässische Reise unter dem Titel »Einige in Straßburg beobachtete Merkwürdigkeiten« ist 1605 darüber zu lesen: »Auff Weihnachten richtett man Dannenbäum zu Strasburg in den Stuben auff daran henckt man roßen auß vielfarbigem Papier geschnitten, Äpfel, Oblaten, Zischgold, Zucker ...«

Eine recht stattliche Liste also. Die als Weihnachtsschmuck in Vergessenheit geratene Rose geht auf das Alte Testament (Jesaja 11,1) zurück. Darin ist die Rede vom »Schoß aus der Wurzel Jesse«. Aus dieser Wurzel entstand eine kostbare Blüte, einer Rose gleich – die Gottesmutter Maria. Das ist auch in dem bekannten Weihnachtslied »Es ist ein Ros entsprungen« festgehalten.

Mit »Zischgold« sind vermutlich ganz dünn vergoldete Metallplättchen gemeint, deren Bewegungen ein leichtes Vibriergeräusch verursachen konnten. Damit sollte eine Assoziation zu den Geschenken der Weisen aus dem Morgenland gegeben werden.

Stimmungsvoller Lichterglanz

Aus theologischer Sicht soll die als Lichterbaum erstrahlende Tanne verkünden, dass Christus das »Licht der Welt« ist. Und so gehört die Frage der Christbaumbeleuchtung zum Stoff historischer Berichte. Kerzen waren lange Zeit nur für den Adel erschwinglich und setzten sich in der Bevölkerung erst im 19. Jahrhundert durch. Davor war es aber durchaus üblich, Nussschalen mit Öl und einem Baumwollfaden zu verwenden.

Ein Zeitdokument, das anschaulich unser historisches Wissen über Kerzen am Baum ergänzt, stammt von der pfälzischen Prinzessin Liselotte, später Herzogin von Orléans und verheiratet mit dem Bruder König Ludwigs XIV. Als unermüdliche Briefeschreiberin berichtet sie ihrer Tochter 1708, wie sie bereits 1662 als Kind am hannoverschen Hof ganz selbstverständlich den Lichter geschmückten Weihnachtsbaum erlebt hatte: »Da richtet man Tische wie Altäre her und stattet sie für jedes Kind mit allerlei Dingen aus, wie neue Kleider, Silberzeug, Puppen, Zuckerwerk und alles mögliche. Auf diese Tische stellt man Buchsbäume und befestigt an jedem Zweig ein Kerzchen, das sieht allerliebst aus und ich möchte es heutzutage noch gern sehen.«

Lieselotte hatte solche Lichter offensichtlich selbst im Gepäck nach Frankreich mitgebracht und versuchte, den Brauch am französischen Hof einzuführen, wo er aber als »kostspielige deutsche Sitte« abgelehnt wurde.

»Konditor- und Zuckerwaren, Engel, Puppen und dergleichen«

Die nächste Stufe des Schmucks zeigt große Vielfalt. Mehr und mehr war süßer Baumbehang, Spielzeug und Ähnliches gefragt. So heißt es 1785 in einer oft zitierten Schilderung aus Nürnberg über einen riesigen geschmückten Tannenbaum: »An allen Ästchen und Zweigen hingen nun allerlei kostbare Konditor- und Zuckerwaren, als Engel, Puppen, Tiere und dergleichen, alles von Zucker ...« Die Liste ließe sich verlängern.

Auch von Theodor Storm wurde allerlei Verlockendes beschrieben, das dazu angetan ist, den Reichtum und die herausgehobene Stellung der

Weihnachtlich geschmückter Baum zwischen 1880 und 1930. Ab dem letzten Drittel des 19. Jahrhunderts wurde in Sachsen und Thüringen in Heimarbeit unzerbrechlicher Christbaumschmuck aus Watte gefertigt. Die Objekte wurden teils gewickelt, teils gepresst und mit Leim fixiert und dann mit Lametta, Chromolithografien oder Krepppapier verziert oder auch farbig bemalt. Vor allem Obst aus Watte war so beliebt, dass es noch bis in die 70er-Jahre des 20. Jahrhunderts produziert wurde.

Wohlhabenden zu betonen. Als Schmuck des fast bis zur Decke reichenden Weihnachtsbaums diente: »Zuckerzeug von Meier aus Altona, Schleswig-Holsteinische Dragoner, Trommelschläger, kleine nackte Wachskinder, die jedes Menschenherz entzücken müssen, schwebten auf den Tannenspitzen, goldene Eier, goldene Walnüsse, Rosinengirlanden, Rauschgoldstreifen ...«

Wie anders die Situation der weniger Betuchten! Sie bastelten Christbaumfiguren aus Papiermaché, Pappe, Salzteig oder Watte. Noch sind nämlich die technischen Voraussetzungen für die Herstellung des dünnwandigen, silberverspiegelten Christbaumschmucks aus Glas nicht geschaffen. Und so hing neben vielfältigem Schmuck eben auch viel dekoratives Naschwerk am Baum.

Weihnachtsschmuck zum Reinbeißen schön

Je nach Landschaft erhielt der Christbaum bis gegen Ende des 19. Jahrhundert seine eigene regionale Prägung durch die Art seiner essbaren Dekorationen. Ein Blick auf die schwäbischen Christbäume

jener Zeit würde zeigen, dass diese eindrucksvoll geschmückt waren: reich behängt mit Eier- und Wasserspringerle, Lebkuchen, Marzipan und Schokolade, dazu Schleifen.

Darüber hinaus ist aus dem Schwäbischen Christbaumschmuck aus Tragant bekannt. Bei Tragant handelt es sich um eine weiße, geschmacks- und geruchlose Harzmasse, die bereits in der Antike bekannt war. Ursprünglich diente sie in den Apotheken als Stabilisierungs- und Bindemittel. Im 17. und 18. Jahrhundert dann gewann Tragant als »ausgelaufenes Zuckerzeug« bei den Zuckerbäckern an Bedeutung und eroberte zunächst die fürstlichen Tafeln.

Tragant ist insofern eine besondere Erscheinung, als es in Verbindung mit Zucker und weiteren Zutaten eine

Geschmückter Baum der Gründerzeit. So wie sich die ganze Wohnkultur der Gründerzeit üppig präsentierte, so wurden auch die Weihnachtsbäume in dieser Periode üppig dekoriert. Christbaumschmuck wurde aus Glas, Pappe, Papier, Watte, Zinn, Wachs, Holz, Tragant und Ähnlichem gefertigt und durch Malerei, Umspinnen mit Draht oder Bekleben mit Oblaten veredelt.

Wasserspringerle zum Bemalen

Für 40 bis 60 Stück benötigt man:
315 g Puderzucker
5 g Hirschhornsalz
¼ l kaltes Wasser
440 g Mehl

Zubereitung:
Puderzucker und Hirschhornsalz mit einem Viertelliter Wasser verrühren, gelegentlich umrühren, damit sich der Zucker löst. Etwa zwölf Stunden später das Mehl darunter mi-schen, rund 30 Minuten zu einem glatten Teig kneten. Zugedeckt 30 Minuten ruhen lassen.

Den Teig in Portionen 1 cm dick ausrollen, in die Model drücken. Nach dem Herausklop-fen schöne Kanten schneiden. Die Bleche mit Anis ganz bestreuen, die Springerle draufset-zen und mindestens zwölf Stunden abtrock-nen lassen.

Backofen auf 100° C vorheizen. Dann bei 150° C 15 bis 20 Minuten backen. Die Ober-fläche soll weiß bleiben.

hervorragende Modelliermasse ergibt, deren Oberflächenbeschaffenheit weniger porös ist als bei herkömmlichen Teigmassen und die sich – ähnlich wie Porzellan – durch eine extreme Mo-dellierfähigkeit bis ins kleinste Detail auszeichnet.

Im Gegensatz zum Marzipan, das vielfach frei aus der Hand modelliert wird, handelt es sich beim Tragant-Christbaumschmuck fast immer um Flachrelief-Figuren, die man durch sorgfälti-ges Eindrücken in verschiedene Model erhielt. Nach der präzisen Abformung und Trocknung war die Masse bonbonhart und wurde mit feinen Malereien versehen. Reine Augenlust also, denn genießbar war diese fast gänzlich aus Zucker be-stehende Masse mit Sicherheit nicht. Im Verlauf des 19. Jahrhunderts sind Tragant und Springerle als Christbaumschmuck etwas aus der Mode ge-kommen und wurden vom Weihnachtsbaum ver-bannt. Nunmehr spielte der künstliche Schmuck am Baum eine immer größere Rolle. Ende des 19. Jahrhunderts etwa sind in Heidelberg und Stuttgart goldene, silberne und bunte Glaseier am Weihnachtsbaum populär.

All das zog immer weitere Kreise bis hin zur Entwicklung einer Christbaum-Industrie. Vor al-lem in Thüringen, Franken und Sachsen wurde in den letzten 150 Jahren Baumschmuck aus den un-terschiedlichsten Materialien gefertigt.

Nussknacker, Räucherkerzen und Pyramiden

Eine verklärte vergangene Welt des Handwerks ist die Fertigung von Weihnachtsschmuck sicherlich nicht. Das Zentrum der Massenproduktion von Holzspielzeug und Weihnachtsschmuck lag in Seiffen im Erzgebirge zwischen Sachsen und Böhmen. Nach dem Erliegen des Bergbaus in den Erzlagerstätten im 16. und 17. Jahrhundert hatte hier lange große Not geherrscht. Holzverarbeitung und textiles Hausgewerbe gewannen nun ersatzweise Bedeutung. Ein entscheidender neuer Anstoß lag in der Technik des Reifendrechselns, durch die eine schnelle und preiswerte Herstellung von Miniaturspielzeug ermöglicht werden konnte. Dabei wurden gedrechselte Reifen in der Grundform des entsprechenden Tieres oder Spielzeugs in Scheiben geschnitten, mit Ohren, Schwanz oder ähnlichen Verzierungen beklebt und so fertig gestellt, meist in Heimarbeit. Mit diesem Schritt begann eine wichtige Epoche im Wirtschaftsleben dieser Region. In der Regel arbeiteten mehrere Generationen, die alle dringend auf diese gewerbliche Arbeit angewiesen waren, unter einem Dach; der Übergang zwischen Arbeits- und freier Zeit war fließend. 1824 berichtet denn auch ein Besucher leichten Tons: »Die Männer drechseln, die Weiber und Kinder schnitzeln, leimen und malen«.

Kaufen konnte man die Weihnachtspyramiden, die gedrechselten Engel und Bergmänner, die Nussknacker und das Spielzeug aus dem Erzgebirge auf den Weihnachtsmärkten. Mögen die Holzfiguren anfangs Kuriositäten auf dem Dresdner Striezelmarkt gewesen sein, so gab es bald einen verlässlichen Bedarf und dementsprechend größere Verbreitung der erzgebirgischen Volkskunst. Kein Wunder, war doch Weihnachten im frühen 19. Jahrhundert mehr und mehr zu einem Bescherfest für die Kinder wohlhabender bürgerlicher Familien geworden.

Festlicher Kugelschmuck

Die Kugel als Christbaumschmuck, die heute so selbstverständlich erscheint, ist historisch gesehen recht jung. Seit Ende des 16. Jahrhunderts wurden die Christbäume ja mit Obst und Nüssen geschmückt. Unabhängig davon entstanden überall da, wo es genug Holz, Sand und Quarz gab, Glasbauhütten – in Bayern ebenso wie in Thüringen. Aus Mangel an Obst und Nüssen wurden im thüringischen Lauscha, wo besonders ärmliche Glasbläser lebten, die Glaserzeugnisse aus der Produktion aufgehängt – kleine »Glasperlen«. An die Herstellung von Christbaumkugeln dachte dabei zunächst noch niemand. Die Wirklichkeit hatte freilich nicht allzu viel mit Weihnachtsromantik zu tun. Hier handelte es sich seit dem frühen 19. Jahrhundert um Heimarbeit als Massenproduktion. Noch bis ins 20. Jahrhundert waren Heimarbeit und Kinderarbeit an der Tagesordnung, und erst die Herstellung von rund tausend Glaskugeln pro Tag sicherte den Familien ein Auskommen.

Heute sind die Vielfalt und die Freude an einem bunt geschmückten Baum enorm. Ohne

Nussknacker, die einen König darstellen, vermitteln – ebenso wie Räuchermännchen – erzgebirgisches Flair. Inzwischen sind sie aber überall in Deutschland zu Hause.

Christbaumschmuck gehört natürlich zum Angebot vieler Weihnachtsmarktstände.

Zweifel also sind Christbäume und ihr Schmuck ein Zeichen des jeweiligen Zeitgeistes und ein Spiegel jeder Familie und ihrer familieneigenen Tradition.

Kein Wunder, dass in Schwaben bis in die jüngste Vergangenheit die Nachbarn zum so genannten »Christbaumloben« ins Haus kamen, um die Vielfalt und Kreativität des jeweiligen Baums zu bewundern. Im Raum Weißenhorn und ab und an sicherlich noch anderswo in der Region ist dies sogar noch heute üblich.

Weihnachten tagein, tagaus

Nein, hier soll nicht die Rede sein von Heinrich Bölls »Nicht nur zur Weihnachtszeit«, dieser Erzählung einer Familie, die – um den Gesundheitszustand ihrer alten Tante zu stabilisieren – tagtäglich Weihnachten feiern muss. Denn auch im Deutschen Weihnachtsmuseum in Rothenburg ob der Tauber könnte man meinen, das ganze Jahr über sei Weihnachten: hell funkelnde Christbaumkugeln, historischer Baumschmuck aus Papier, Watte, Zinn, fröhliche und grimmige Weihnachtsmänner, Nussknacker und Papierkrippen, Adventskränze und -kalender. Über die Geschichte des Festes seit seiner Entstehung bis zur Mitte des 20. Jahrhunderts gibt es hier viel zu erfahren.

Weihnachtliches Dekor

Dank elektrischer Lichterketten können die Kerzen an den Weihnachtsbäumen in unserer Zeit Tag und Nacht brennen.

Die Welt der Weihnachtskrippen

Seite 103:
Die Andachtsfigur eines Fatschenkindes in einem Kastenbild, Mitte des 19. Jahrhunderts. Vor allem in Oberschwaben, im Allgäu und im Bodenseeraum wurden diese »Jesu-Kindlein« verehrt. In der Zisterzienserinnenabtei Mariastern-Gwiggen in Hohenweiler bei Bregenz – aber auch in anderen Frauenklöstern – werden bis heute auf Bestellung Fatschenkinder hergestellt.

Die Anbetung der Könige – Maria und Josef mit dem neugeborenen Jesuskind, Tiere, dazu die Weisen aus dem Morgenland, ein beliebtes Motiv historischer wie moderner Weihnachtspostkarten.

Das Wort »Krippe« bezeichnet die szenische Darstellung der Geburtsgeschichte, also die Wiedergabe der Heiligen Familie im Stall zu Bethlehem in Verbindung mit der Anbetung der Hirten und den Heiligen Drei Königen. Nach dem Ort der Aufstellung wiederum unterscheidet man die öffentliche oder private Krippe beziehungsweise die Kirchen- oder Hauskrippe.

Lange bevor solche Weihnachtskrippen mit ihren erzählenden Szenen entstanden sind, bildeten kleine Figuren des Jesuskindes den Mittelpunkt der weihnachtlichen Festfreude. Als so genannte Fatschenkinder (oder »Pfätschenkinder«), also als Jesuskind, das gewickelt ist, wurden solche Figuren in allen Größen hergestellt und beim klösterlichen Brauch des Kindlwiegens gezeigt. Kopf, Hals und Schulteransatz der Puppenfiguren bestanden in der Regel aus Wachs, die Körper waren mit kostbaren Seidenstoffen, Spitze und Borten umwickelt. Bereits im frühen 14. Jahrhundert ist aus dem oberschwäbischen Frauenkloster Maria Medingen bei Dillingen bekannt, dass die Dominikanernonne Margareta Ebner (um 1291–1351) eine Holzwiege mit dem Jesuskind besaß, das am Weihnachtsabend wie ein lebender Säugling gepflegt und geküsst wurde. Dieser Brauch hielt sich in Frauenklöstern über Jahrhunderte und ist bei den Clarissen in Brixen noch 1870 belegt. In der evangelischen Kirche verlor sich das Kindlwiegen im Verlauf des 17. Jahrhunderts, wie auch die Krippe selbst hier nie die Bedeutung erhielt wie in der katholischen Kirche.

Von der Mitte des 16. Jahrhunderts an verbreiteten sich Weihnachtskrippen zuerst in italieni-

Seite 105:
Eckkastenkrippe mit
Figuren. Landschaft aus
Pappmaché, 1864 von
dem praktischen Arzt
Gottfried Hamerl in
Opfenbach angefertigt.

Zu Beginn des
19. Jahrhunderts in
Mindelheim entstandene
Kastenkrippe der Familie
Vogg mit Miniaturfiguren
von Anton Schuster
(1777–1835).

schen und spanischen Kirchen und dann weiter in österreichischen und süddeutschen. In Graz entstand 1579 die erste Kirchenkrippe Österreichs, die von Studenten des Jesuitengymnasiums in der hauseigenen Kappelle aufgestellt wurde. Bald darauf gab es ähnliche Krippenbauten in ganz Süddeutschland. Wirklich durchsetzen konnten sich die Darstellungen der Geburtsgeschichte in den katholischen Kirchen Süddeutschlands jedoch erst im späten 16. und frühen 17. Jahrhundert. Vor allem die Jesuiten waren leidenschaftliche Befürworter dieser volkstümlichen Frömmigkeit. Als

Förderer der Krippenbewegung im Barockzeitalter ging es ihnen darum, dem Volk mithilfe dieser Krippen Glaubensinhalte sinnfällig vor Augen zu führen.

Die Zeit der Aufklärung mit ihrem Wunsch nach Nüchternheit dagegen kam der Krippenkultur nicht gerade entgegen. Man zeigte wenig Verständnis für dieses »gefrorene Theater«, das »läppische Kinderspielzeug« oder die »schändliche Kinderbelustigung«, wie diese Art der sinnlich-plastischen Wiedergabe der Geburtsgeschichte verächtlich genannt wurde. In Österreich

Ausschnitt aus dem Weggetaler Kripple, das seit über 150 Jahren in der Wallfahrtskirche bei Rottenburg zu sehen ist. Der schwäbische Mundartdichter Sebastian Blau alias Josef Eberle (1901–1986), Sohn des Rottenburger Stadtpflegers, Gründer, Verleger und Herausgeber der »Stuttgarter Zeitung«, hat dieser Krippe ein literarisches Denkmal gesetzt.

verfügte Kaiser Josef II. im Rahmen der Säkularisation am 30. Oktober 1782 sogar ein 1804 wieder aufgehobenes Verbot der Krippendarstellung in der Kirche. Dieses in den habsburgischen Ländern erlassene Verbot galt auch für das vorderösterreichische Ober- und Mittelschwaben. Die denkbar geringe Einschätzung der Krippen und der Krippenspiele in Zusammenhang mit dem Kirchenraum und die gesetzlich verordnete Einschränkung führte alsbald zu einer Verlagerung der Krippenkultur in die Privathäuser. Zu diesem Zweck entstanden kleine Eckkrippen sowie Krippenkästchen, bei denen die Figuren meist durch eine gläserne Vorderwand geschützt waren. Vor allem die Adeligen schmückten mit solchen Krippen ihre Fürstenhöfe und Schlösser.

Zum festen Repertoire des Weihnachtsgeschehens in den bürgerlichen Haushalten gehörte die Krippe zunächst in den katholischen Regionen Deutschlands seit dem 18., vor allem aber seit dem frühen 19. Jahrhundert – aufgebaut unter dem Weihnachtsbaum und mit eigenen Requisiten wie Tieren, Brunnen, Moos und ähnlichem versehen. In dieser Form fand man sie seit dieser Zeit auch im protestantischen Mittel- und Norddeutschland.

»Schwäbisches Krippenparadies«

Zunehmend wurden die Krippenlandschaften erweitert und vor allem mit regionalen Attributen ausgeschmückt. In Sachen Krippenpracht liegt Baden-Württemberg ganz weit vorne, der Raum zwischen Günzburg, Weißenhorn, Krumbach und Mindelheim wird dementsprechend sogar als »schwäbisches Krippenparadies« bezeichnet.

Rechts und rechte Seite: Szenen aus der Weihnachtskrippe des Klosters der Franziskanerinnen von Bonlanden

*Szene aus der
Weihnachtskrippe des
Klosters der
Franziskanerinnen von
Bonlanden:
die Hochzeit zu Kana*

Das hat seine historischen Wurzeln. Wo sich im Schwäbischen Niederlassungen des Jesuitenordens, ein Förderer der barocken Krippenkultur, ansiedeln konnten, entstanden »Krippenzentren«, wie etwa in Rottenburg am Neckar, Ellwangen oder Rottweil. Beispiel Rottenburg: Eine Attrak-

tion unter den vielen Krippen in den Kirchen, Museen und Privathäusern der Stadt ist das so genannte Weggetaler Kripple, die Krippe der Wallfahrtskirche Sankt Maria im Weggental außerhalb der Stadt (Bild Seite 106). Bauherr dieser Barockkirche, die nicht zuletzt wegen ihrer idyllischen

Lage besonders gern besucht wird, war der Jesuitenorden. Der Hauptteil dieser jetzigen Krippe entstand um 1840, zehn Jahre später kam sie als Stiftung ins Weggental. Sebastian Blau verewigte 1947 diese Krippe in seinem Dialektgedicht »s Weggetaler Kripple«.

So könnte man fast beliebig fortfahren: Eine der größten und schönsten Krippen Süddeutschlands findet sich im zwischen Memmingen im Allgäu und Biberach gelegenen Kloster der Franziskanerinnen von Bonlanden. Immerhin 254 holzgeschnitzte, gefasste und stoffbekleidete Engel- und Menschenfiguren, zwischen 22 und 25 Zentimeter hoch, sowie 124 Tierfiguren bilden den Grundstock der Anlage. Dazu kommt eine Fülle von Einzelbauten, Stadtansichten und Landschaftsgestaltungen. Die ältesten Teile reichen zurück bis Anfang des 18. Jahrhunderts. Bis etwa 1840 entstanden dazu dann Szenen aus der Lebensgeschichte Jesu, angefangen von der Verkündigung und der Geburt bis hin zur Wunderwirkung.

Das Besondere an dieser und sicherlich so manch anderer herausragenden Krippe der Region ist die volksnahe Lebendigkeit der Darstellung, etwa eine große Szenerie des Dorf- und Marktlebens mit entsprechend typischen Figuren: der Uhrmacher aus dem Schwarzwald, der Schirmhändler vom Banat, der Obsthändler vom Bodensee, Metzger und Köchinnen. Dazu oberschwäbische Landschaften und Allgäuer Berge. Ganz konkret ist beispielsweise das »Haus Nazareth« dieser Krippe eine Nachbildung des ältesten Gebäudes im Dorf Bonlanden, nämlich des 1699 errichteten Kornspeichers. Eine solche Kulisse schafft eine besonders sinnige Verbindung zwischen Heilsgeschichte und Krippenstandort.

Krippenschau in Krumbach

Eine lange Tradition hat auch das so genannte Krippenschauen in Krumbach. Krippenfreunde gehen »ins Kripple«, das heißt, sie besuchen – zwischen Weihnachten und Mariä Lichtmess – in den Kirchen und den Privathäusern die dortigen zum Teil wertvollen Krippen und bewundern die unterschiedlich gestalteten Darstellungen des Weihnachtsgeschehens. Die jeweiligen Hausbewohner betrachten es als Ehre, wenn man ihre Krippe besucht und so wird hier ebenso Zeugnis abgegeben von Volksfrömmigkeit und der Kunst des Krippenbaus wie von schwäbischer Gastlichkeit und Gastfreundschaft.

Eine besondere Attraktion sind zusätzlich die zahlreichen Krippen, die in dieser Zeit im Mittelschwäbischen Heimatmuseum Krumbach ausgestellt sind. Mit nur wenigen Ausnahmen sind die im Krumbacher Raum tätigen Laienschnitzer mit ihren Krippendarstellungen vertreten.

Wer darüber hinaus noch mehr weihnachtliches Flair erspüren möchte, dem sei ein Besuch des Schwäbischen Krippenmuseums im einstigen Jesuitenkolleg in Mindelheim (Bayerisch-Schwaben) empfohlen, in dem die Entwicklung der Weihnachtskrippen gerade im schwäbischen Raum sinnlich-plastisch vor Augen geführt wird.

Krippen aus Papier

Neben den Krippen mit halb- oder vollplastischen Figuren aus Holz oder Plastik gibt es Krippen und entsprechende Figurengruppen aus Papier, einfache und schlichte ebenso wie besonders farbenprächtige und vielfigurige. Die Anfänge solcher auf Papier gedruckten Krippen(figuren) zum Ausschneiden lassen sich im deutschsprachigen Raum anhand der überlieferten Bogen – damals noch Holzschnitte oder Holz- und Kupferstiche – bis ins frühe 18. Jahrhundert zurückverfolgen. Die eigentliche Blütezeit der Papierkrippen begann jedoch erst im Verlauf des 19. Jahrhunderts, da die im Lithografieverfahren hergestellten Bogen nun in großer Zahl und entsprechend kostengünstiger hergestellt werden konnten.

Nehmen wir im süddeutschen Raum noch einmal das Beispiel des 1831 gegründeten J. F. Schreiber-Verlags in Esslingen, der um 1878 mit der Herstellung von Ausschneide-, Modellier- und Papiertheaterbogen begonnen und dabei neben vielen anderen Themenbereichen aus Architektur, Luftfahrt, Schifffahrt und Technik auch weihnachtliche Themen wie Papierkrippen in sein Verlagsrepertoire aufgenommen hatte.

»Als Gabe unter den Weihnachtsbaum bestens empfohlen!«

Solche Krippen, die aus bis zu 10 Bogen – Krippenhintergrund, Stall und Figuren zum Ausschneiden – verschiedener Formate aufgebaut sein konnten, wurden von Schreiber (1809–1867) seinerzeit in großen Mengen produziert. Im Vergleich zu einer Krippe mit aus Holz geschnitzten Figuren waren sie kostengünstig, zudem Platz sparend und recht einfach aufzubauen. Der Preis für einen großen Ausschneidebogen betrug um 1910 beim Schreiber-Verlag 0,20 Reichsmark – eigentlich nicht viel. Dem gegenübergestellt sei der ortsübliche Tageslohn von 3,50 Mark für einen männlichen Arbeiter in Stuttgart, für weibliche lag er bei nur 2,30 Mark. Allein für einen Laib Brot musste man zwischen 13 und 17 Pfennige zahlen.

Das Wenige macht deutlich, dass auch diese Papierkrippen mit Sicherheit nicht für jeden bezahlbar waren. Dennoch fanden die Krippen in Privathaushalten weite Verbreitung und waren ausgesprochen populär. Wir hören von Bögen mit Titeln in fünf verschiedenen Sprachen: Deutsch, Französisch, Englisch, Polnisch und Tschechisch – eindeutig also wurden sie von vornherein nicht nur für den deutschen Markt produziert.

Ein Bilderbuch zum Aufstellen

Das alles ist aber nichts gegen eine 1888 vom Schreiber-Verlag auf den Markt gebrachte aufklappbare Faltkrippe in Form eines Bilderbuches. Beim Aufklappen staffelten sich die Figuren automatisch hintereinander. Diese fix und fertig zusammengebaute Krippe wurde seinerzeit denn auch mit den begeisterten Worten beworben:

Linke Seite: Anbetung der Hirten und Könige. Fackler-Hartmann-Krippe aus der ersten Hälfte des 19. Jahrhunderts, zu sehen im Schwäbischen Krippenmuseum Mindelheim

»Man stellt es [das Bilderbuch] auf, klappt es auseinander, und in plastischer Darstellung sieht man in reizender Gruppierung die heilige Familie im Stalle und die Anbetung der Weisen aus dem Morgenlande. Alles ist schön ausgeführt und haltbar hergestellt. Es ist dies eine recht sinnige Weihnachtsgabe.«

Diese bis 1931 produzierte Krippe, die sich offenbar rasch die Herzen der Kinder erobert hatte, wurde recht gut verkauft, wenn auch die für die Jahre 1903 bis 1914 vorliegenden Absatzzahlen starken Schwankungen unterworfen sind. 1903 konnten immerhin 1080 Krippen veräußert werden, 1905 waren es nur 630, 1909 dann wieder 1178 und in den Kriegsjahren 1913/14 ganze 608 Stück.

Nach 1900 ergaben sich beim Schreiber-Verlag auch im Bereich der Papierkrippen stilistisch neue, abwechslungsreiche Ideen und Inszenierungen, etwa in der Krippe aus der Reihe »Münchner-Künstler-Modellierbogen« von Joseph Mauder (1884 bis 1969). Mauder reagierte dabei auf die offensichtlich vielfach geäußerte Kritik, nach der das Ausschneiden und Zusammenfügen vorgezeichneter Figuren kein wirklich kreativer Akt sei. »Das Kind soll nicht nach einer bestimmten Vorlage arbeiten, vielmehr immer wieder selbst etwas erfinden, was ihm viel geistige Anregung und hübschen Zeitvertreib bietet« hieß es denn auch in einem entsprechenden Werbeprospekt des Schreiber-Verlags. Über die Belustigung und die spielerische Beschäftigung hinaus wurde die Bastelkrippe also durchaus auch als Erziehungsmittel betrachtet.

Schließen wir den kurz skizzierten Werdegang der Papierkrippen ab. Ganz zu Ende ist ihre Geschichte nicht. Bis heute werden solche auf große Bogen festen Papiers gedruckte Krippen zum Ausschneiden von einigen wenigen Verlagen oder Museen, oft als Reprints, angeboten. Vielleicht auch für uns heute noch »eine recht sinnige Weihnachtsgabe«!

Die schwäbischen »Bachenen«

In der Geschichte der schwäbischen Volkskultur rund um die Krippen nehmen die so genannten Bachenen so etwas wie eine Sonderstellung ein. Mit diesem Begriff sind die in Model halbseitig ausgeformten – also auf der Rückseite flachen – Figuren mit kleiner Standfläche gemeint. Anschließend wurden die Modelfiguren »gebacken« beziehungsweise gebrannt und dann bemalt. Gebrannt hat man die an der Luft getrockneten Figürchen meist direkt in der Glut des Küchenherdes oder in einem einfachen Brennofen, der zu diesem Zweck den ganzen Tag über durchgeschürt wurde. Im Anschluss daran bürstete man die Asche von den heil gebliebenen Figuren herunter, leimte die zerbrochenen wieder zusammen, grundierte und bemalte die Figuren und überzog sie in der Regel noch mit einem farblosen Lack. Vor allem in entsprechenden Kästchen fest installiert, konnten die »bachenen« Krippenfiguren aus dem 18. Jahrhundert überdauern. Die Model selbst, also die Negativformen, bestanden in der Regel aus gebranntem unglasiertem Ton oder

– zumindest im Mittelschwäbischen gegen Ende ihrer Blütezeit – aus Gips.

Die Tonmodelfiguren gab es in einer Fülle volkstümlicher Bildmotive, also nicht nur als Krippenfiguren. Lange Zeit waren sie ein beliebter Schmuck in bäuerlichen wie bürgerlichen Wohnungen. Natürlich hingen die Qualität der künstlerischen Ausformung und die Ausdruckskraft der Figuren von der Geschicklichkeit des jeweiligen Künstlers ab, auch wenn die Figuren gelegentlich verächtlich als »Loimbatza« bezeichnet wurden. Natürlich standen die »Bachenen« immer im Schatten der geschnitzten Krippenfiguren. So blieb das Interesse an ihnen auch weit gehend auf die weniger Wohlhabenden, die sich keine anderen Krippenfi-

Krippe im Glassturz mit Tragantfiguren, vermutlich Biberach

Tonmodelfiguren von
Franz J. Sohn. Ober-
schwaben, um 1780

guren leisten konnten, und die Kinder beschränkt. Die weite Verbreitung der »Bachenen« ist – nicht nur in Schwaben – vor allem vor dem Hintergrund der technisch einfachen und serienmäßigen Herstellung zu sehen und in ihrem erschwinglichen Preis, da der Materialwert gering war. Diese

Figuren waren vor allem in Mittelschwaben bekannt. Dort wurden diese Figuren im Nebenerwerb hergestellt und unter der Hand oder auf den umliegenden Krippenmärkten verkauft, um ein zusätzliches Standbein zur Sicherung des täglichen Überlebens zu liefern.

Eck-Krippenberg mit mittelschwäbischen Tonmodelfiguren

Über die Weihnachtslieder

Man könnte dieses Kapitel wieder mit einer literarischen Szene aus Thomas Manns Beschreibung des Heiligen Abends bei den »Buddenbrooks« einleiten: »Zunächst wurde aus der Bibel die Weihnachtsgeschichte vorgelesen. Später erklang, wohl unter Anführung der Chorknaben, im dreistimmigen Satz das alpenländische Lied ›Stille Nacht, heilige Nacht‹, in das bald alle Anwesenden einstimmten. Das abschließende, ebenfalls gemeinsam gesungene Lied ›O Tannenbaum‹ bot dann den geeigneten Übergang zur Bescherung, in die sich die kleine Feier zwanglos auflöste.«

Sicherlich wird man einräumen müssen, dass das eine oder andere dichterisch stilisiert ist, aber im Großen und Ganzen gibt es die Lieder und Festlichkeiten wieder, wie sie zumindest in protestantischen Kreisen um 1900 üblich waren.

Schon früh kamen die mit den Krippenspielen verbundenen Hirten- und Krippenlieder auf, die das Weihnachtsgeschehen in die eigene heimatliche Welt der Sänger übersetzten, etwa »Kommet Ihr Hirten«, »Joseph, lieber Joseph mein« oder andere. Vor allem nach der Reformation wurden Weihnachtslieder beliebt, die verstärkt in den Städten bei den religiösen Hausandachten Eingang fanden.

Und noch etwas: Auch wenn Weihnachtslieder heute »Allgemeingut« sind und zum Teil überall auf der Welt gesungen werden, sind sie doch von Individuen erdacht wurden. Zum Teil sogar von

berühmten. Beginnen wir beispielsweise mit »Vom Himmel hoch, da komm ich her«, das heute zu den wichtigsten Liedern der evangelischen Weihnachtsliturgie gehört und zu den ältesten Weihnachtsliedern überhaupt zählt. Gedichtet hat es Martin Luther für seine Kinder zur Weihnachtsbescherung im Jahr 1534. 1539 kam dann die heute gängige Choralmelodie auf, die sich Luther wahrscheinlich selbst erdacht hatte.

»Stille Nacht ...«

Auch zur Erfindung des Liedes »Stille Nacht, heilige Nacht« gibt es eine sehr menschliche Geschichte. Komponiert hat es der Dorfschullehrer und Organist Franz Xaver Gruber aus Oberndorf im Salzburger Land (1787–1863), der das selbst verfasste Gedicht des Hilfspfarrers Joseph Mohr (1792–1848) vertonte. Am 24. Dezember 1818 wurde das Lied erstmals in der Pfarrkirche Sankt Nicola in Oberndorf aufgeführt, nur in Begleitung einer Gitarre. Offensichtlich handelte es sich dabei um eine Notlösung, da die Orgel in den vorweihnachtlichen Tagen ihren Dienst verweigert hatte. Demzufolge benötigten Gruber und Mohr ein bewegliches Instrument, da das Lied in dem Moment gesungen werden sollte, da der Pfarrer das Kind in die Krippe legt. Schon wenige Jahrzehnte später wurde das Lied überall auf der Welt gesungen. Insgesamt gibt es heute Übersetzungen in

330 verschiedene Sprachen und Dialekte. Es ist sicherlich das Besondere dieses Liedes, dass es jeweils in der eigenen Landessprache gesungen wird.

Ein Weihnachtslied aus Württemberg

Ein eindeutig schwäbischer Beitrag zum Thema ist durch das Weihnachtslied »Ihr Kinderlein kommet« gewährleistet. Sicherlich wäre heute mancher Schwabe um eine Antwort verlegen, würde man nach dem Verfasser des Liedes fragen, der in der allgemeinen Geschichte auf Dauer nicht bekannt geworden ist. Es war Christoph von Schmid, ein Autor, der sich im 19. Jahrhundert durchaus einen Namen in der württembergischen Öffentlichkeit gemacht hatte und dessen Schriften in viele europäische Sprachen übersetzt wurden. Ein anerkannter Pädagoge, offensichtlich ein eifriger publizistischer und pädagogischer Streiter für christliches Gedankengut, durchaus eine Persönlichkeit also. Geboren wurde Schmid 1768 in Dinkelsbühl als Sohn eines Beamten. Nach seinem Studium der Philosophie und der katholischen Theologie an der Akademie in Villingen wurde er Pfarrgehilfe. Später profilierte er sich fast 20 Jahre lang als Schulinspektor in Thannhausen. Er zeigte ein großes Talent, biblische Geschichten für Kinder und Jugendliche ansprechend zu schildern, und so waren auch die meisten seiner Schriften für die Schule gedacht. Dahinter stand immer die Absicht des Seelsorgers, christliche Inhalte weiterzugeben. 1816 bis 1827 arbeitete Schmid in Oberstadion, wo er seine fruchtbarsten Jahre verbrachte. In Oberstadion entstand

im Jahr 1819 auch jenes berühmte Weihnachtslied, für das Schmid persönlich die Inszenierung festgelegt hatte: »Die Krippe werden wir in der Mitte aufstellen und dann bis zum Dreikönigstag stehen lassen. Da werden eure Eltern Augen machen. Und die Ohren werden sie spitzen, wenn sie das Lied

Christoph von Schmid (1768–1854), der in Dinkelsbühl geborene Verfasser des berühmten Weihnachtsliedes »Ihr Kinderlein kommet«

hören, das vor ihnen noch kein Mensch gehört hat. Für euch, für alle Kinder dieser Welt, habe ich die Worte gedichtet: ›Ihr Kinderlein kommet‹.« Das neue Weihnachtslied wurde nach einer Melodie des Komponisten Johann Abraham Peter Schulz, Hofkapellmeister in Kopenhagen, an jenem Weihnachtsfest erstmals gesungen.

Christoph von Schmid starb hoch betagt 1854 in Augsburg. In Oberstadion erinnert eine Gedenkstätte an sein Wirken.

Weihnachtliches »vom Turm herab«

In vielen Städten wurden am Weihnachtsabend von den Kirchtürmen herab in die vier Himmelsrichtungen je ein Choral geblasen beziehungsweise Weihnachtslieder gespielt. So etwa in Weißenhorn, und das ist gewiss nicht das einzige Beispiel. Auch heute ist es hier noch üblich, dass die Stadtkapelle in einer Formation von acht bis zehn Bläsern am Heiligen Abend nach der Christmette vom Turm herab Weihnachtslieder spielt. Währenddessen füllt sich unten der Kirchplatz mit Menschen, man wünscht sich allseits eine gesegnete Weihnacht und singt jetzt außerhalb der Kirche nochmals die bekanntesten Weihnachtslieder.

Weihnachtliches auf der Bühne

Was nun das Weihnachtsfest mit dem Hexenhaus von »Hänsel und Gretel« zu tun hat, ist nicht ganz klar. Ebenso wenig, warum gerade die Märchenoper von Engelbert Humper-

*Hänsel und Gretels
Knusperhaus auf der
Bühne der Königlichen
Hofoper Stuttgart.
Aufgenommen wurde
eine Szene aus dem
Gastspiel der Hofoper
Stuttgart am Neuen
Theater in Lille im Jahr
1916. Dass es sich um eine
Kriegstheaterinszenierung
handelt, erkennt man
auch an der Figur des
Sanitäters, der als
Ensemblemitglied neben
der besenschwingenden
Hexe steht. Das Knusper-
häuschen selbst ist
besonders schön und
märchenhaft-üppig
gestaltet.*

dinck »Hänsel und Gretel« (1893) auf dem Spielplan der Theater aller mittleren und größeren Städte in den Weihnachtstagen stand und bis heute noch steht. Vielleicht hat es nur mit der Assoziationskette der Begriffe Wald, Kinder und Lebkuchen zu tun.

Wie auch immer: Ende des 19. Jahrhunderts hatte Engelbert Humperdinck (1854–1921) das Märchen »Hänsel und Gretel« zu einer Märchenoper umgeschrieben, die am 23. Dezember 1893 im Hoftheater in Weimar unter der Leitung von Richard Strauß uraufgeführt wurde. Der Handlungsablauf entspricht im Wesentlichen dem der grimmschen Vorlage. Sicherlich gab diese musikalische Umsetzung auch eine Anregung hinsichtlich des Knus-

perhäuschens, denn nunmehr nahm der kindliche Traum vom Knusperhäuschen auf der Bühne reale Gestalt an. Das Hexenhäuschen auf der Bühne bestand bei der Uraufführung 1893 aus Lebkuchen; Pfefferkuchenmänner umringten es als Zaun. Die Textvorlage ging von einem »Knusperhäuschen von lauter Kuchen« aus und einem »Zaun, von Würsten und Bretzeln gebunden«.

Die Aufführung seinerzeit war eine Sensation und Märchenopern gewannen zunehmend große Popularität. Vielleicht gerade wegen des Lebkuchenhäuschens wurde »Hänsel und Gretel« richtiggehend zu einem Weihnachtsmärchen, das bis heute immer wieder auf dem Spielplan von Opernbühnen im In- und Ausland steht.

»Morgen, Kinder, wird's was geben«

Ein Streifzug durch die Kultur des Schenkens offenbart eine sehr wechselvolle und interessante Geschichte, denn wer Schenken nur als modernen »Konsumterror« abtut und weihnachtliches Schenken als eine Erfindung der Kaufleute ablehnt, greift sehr kurz.

Die soziale Kluft, die sich immer schon zwischen den Besitzenden und Nicht-Besitzenden öffnete, wird grundsätzlich auch beim Schenken offenbar. Mit der historisch-literarischen Aufzählung von Prunk und Überfluss bei Geschenken ließen sich ganze Seiten füllen. Vor allem in den reichen Städten und an den Höfen entfaltete sich

schon früh eine Geschenkkultur. Da es sich bei dieser Form des Gebens zugleich, vielleicht sogar in erster Linie, um öffentliche Repräsentation handelte, sorgte man dafür, dass alles getreulich überliefert wurde. Kaum etwas wurde so lang und so detailliert geschildert wie kostbare Geschenke und ihre Geber. Heinrich IV. von Frankreich etwa (1553–1610) verehrte seiner zweiten Frau Maria von Medici zur Hochzeit neben vielen anderen Geschenken ein Kollier im beachtlichen Wert von 200 000 Kronen. Ein Beispiel unter vielen.

Solchen imponierenden Gaben steht gewissermaßen spiegelbildlich die Vielzahl der früher in

der Regel bescheidenen Geschenke gegenüber. Darüber geben zum Beispiel Märchen Auskunft. Im Märchen vom »Rotkäppchen« ist nachzulesen, dass die Großmutter gar nicht wusste, »was sie alles dem Kinde geben sollte« – die Namen gebende Kopfbedeckung wird bezeichnenderweise als kostbarstes Präsent erwähnt. Die Großmutter ihrerseits erhält, als sie krank daniederliegt, ein Stück Kuchen und eine Flasche Wein. Es geht also um die eine oder andere kleine Kinderüberraschung, um Speisen und Getränke, alles Gaben, die heutzutage ganz selbstverständlich geworden sind.

Nur besonders Auserwählte hatten das Glück, etwas wirklich Ausgefallenes zu erhalten, so etwa Graf Eberhard von Württemberg, »ein tapferer Kriegsheld und ruhmvoller Herr«, den Mörike in seinem »Stuttgarter Hutzelmännlein« von 1853 beschrieb. Der erhielt fast schon ein »Reliquienstück«, nämlich König Salomos Zahnstocher, als Geschenk: »Er soll«, so meinte der Landesherr,

Weihnachten anno 1903 in gutbürgerlichen Kreisen.

In der Weihnachtszeit des Kriegsjahres 1916 dürften die Geschenke nicht üppig ausgefallen sein. Über Nahrungsmittel hat sich die hungernde Bevölkerung sicherlich am meisten gefreut. Ob nun der Weihnachtsmann oder das Christkind die Gaben brachte, ist bis zu einem gewissen Punkt regional unterschiedlich. Dem Atlas der Deutschen Volkskunde von 1932 zufolge brachte in West-, Südwest- und Süddeutschland das Christkind die Geschenke, während es in den mittel-, nord- und ostdeutschen Gebieten der Weihnachtsmann war. Durch die heutige Mobilität verwischen sich diese Grenzen zunehmend.

Weihnachten 1916

»wenn man bisweilen das Zahnfleisch etwas damit ritzt, den Weisheitszahn noch vor dem Schwabenalter treiben.«

Und warum schenkt man zu Weihnachten? Der theologische Grundgedanke war zunächst der folgende: Gott hat den Menschen seinen einzigen Sohn geschenkt und so wird an diesem Tag der Geburtstag des Kindes Jesus begangen.

Bis um 1500 war Weihnachten als Beschertermin im bürgerlichen Sinne und erst recht als Kinderfest weit gehend unbekannt. Wie gesagt, weit gehend, denn erstaunlicherweise findet man die Weihnachtsbescherung auch schon einmal früher bezeugt, zum Beispiel 1460 in einem in Konstanz erlassenen Verbot: »Wer ein kind hept, sol im och ze Wihenächten weder Bimenzelten, Brot, Käß, Hämpli noch sunst nit anders senken an Geverd«. Kleidungsstücke, Hutzelbrot und einfache Speisen sind genau die Art der bescheidenen Geschenke, die noch Jahrhunderte später in abgelegenen Gebieten unserer Region zu Weihnachten ausgeteilt wurden.

Dessen ungeachtet war im öffentlichen Leben das Schenken zu Weihnachten und Neujahr im 15. Jahrhundert durchaus bekannt. Auch Stadtoberhäupter, die freundschaftliche Beziehungen zu anderen Städten pflegten, tätigten Weihnachts- oder Neujahrsgeschenke. Einmal davon abgesehen, dass immer schon Bedürftige aus christlicher Nächstenliebe zu diesem Festtermin beschenkt wurden, ebenso wie Bedienstete.

Martin Luther war es, der allmählich die Entwicklung einleitete, aus dem weihnachtlichen Fest der Christgeburt ein Familienfest mit Geschenken, vor allem für die Kinder, zu machen. Allerdings galt – es wurde bereits ausführlich erwähnt – in vielen katholischen Regionen Deutschlands lange Zeit noch der 6. Dezember als wichtigster Gabentag. Aus dem Allgäu beispielsweise wissen wir, dass am Nikolaustag die Taufpaten ihren Patenkindern neben Äpfeln und Lebkuchen auch Spielwaren und Kleidungsstücke zu schenken pflegten. Überhaupt war es üblich, dass die Paten zu diesem ganz besonderen Termin im Jahreslauf ihrem Patenkind bestimmte, vorgeschriebene Gaben überreichten, etwa ein Kleidungsstück zum Nikolaus- beziehungsweise Weihnachtsfest und eine Brezel zu Neujahr. Da zu behaupten, dass das Schenken immer als eine Angelegenheit des Herzens betrachtet wurde, wäre wohl stark idealisiert. Wahr ist vielmehr, dass es viel mit festgelegten Normen und Gewohnheitsrecht zu tun hatte (und hat).

Noch deutlicher wird dies bei den Geschenken der Arbeitgeber für ihre Dienstboten und das Gesinde, waren es doch weniger Zeichen persönlicher Zuneigung denn eine »Gebeverpflichtung« und ein vereinbarter Zusatzlohn, der eben zu Weihnachten fällig wurde. Dazu gehörten der schon erwähnte Weihnachtstaler, Kleidungsstücke, ein Paar Schuhe oder eine Schürze. Dass Dienstboten und Familienangehörige gerade am Nikolaustag mit Geschenken bedacht wurden, geht auch aus einem Ende des 18. Jahrhunderts erschienenen Bericht aus Augsburg hervor.

Meist handelte es sich – vor allem in bäuerlichen Haushalten – um Nahrungsgeschenke für

Knechte und Mägde, mit deren Arbeit man besonders zufrieden war. Aus der Vielzahl der Belege lässt sich entnehmen, was üblicherweise an Gaben zu Gebote stand: In Anhofen (heute Landkreis Günzburg), Buchenberg (heute Landkreis Oberallgäu), Oberthingau (heute Landkreis Ostallgäu) oder Oberegg (heute Landkreis Unterallgäu), und das sind nicht die einzigen Beispiele, erhielten Knecht und Magd noch zu Beginn des 20. Jahrhunderts zu Weihnachten ein Hutzelbrot. In Göggingen (Ortsteil von Augsburg) ist als Zusatzgabe ein Weißbrot, in Eutenhausen (Landkreis Unterallgäu) ein Laib Brot belegt.

Dass sich Geschenke zu einem sozialen Zwang steigern können, ist uns nur allzu bekannt. Das führte dazu, dass bereits seit vielen Jahren in der Öffentlichkeit und in der modernen Literatur der Verlust der wahren Weihnacht bedauert wird, verbunden mit der Klage, dass die Weihnachtszeit in der Vergangenheit bewusster, besinnlicher und weniger konsumorientiert gefeiert wurde. Bei so finsterer Einschätzung ist es zumindest beruhigend zu erfahren, dass die Problematik der allzu üppigen Gaben und des übertriebenen Konsums so neu gar nicht ist. Bereits Theodor Storm sah genau hin und schrieb 1851 in einem Brief am Weihnachtssonntag über die Festtagsfreude seines Sohnes Hans: »Hans wurde denn so mit Spielzeug von allen Seiten überhäuft, dass er eigentlich zu keinem einzelnen ein rechtes Interesse fassen konnte, er bekam zwanzig verschiedene, zum Teil größere Sachen, darunter vier Bilderbücher.« Überhaupt machte man sich seinerzeit, beispiels-

weise in der Zeitschrift »Gartenlaube« von 1888, für die Leser Gedanken darüber, wie man am besten die »Pflichtgeschenke, denen wir uns nicht entziehen können« bewältigt. »Mancher arme Teufel wird bitter lächeln, wenn er von unseren Sorgen hört – und doch sind es Sorgen, und wir atmen erleichtert auf, wenn wir das Kapitel erledigt haben.«

Insgesamt aber lagen Weihnachtsträume und die reale Lebenssituation vielfach sehr weit auseinander, sodass der bunt geschmückte Tannenbaum und der Geschenkzauber für weite Teile der Bevölkerung zunächst unerreichbar blieben. Wenn man also davon ausgeht, dass kulturelle Zeugnisse wie Gedichte oder Lieder nur in ihrem sozialgeschichtlichen Bezugsrahmen zutreffend eingeordnet werden können, so wird verständlich, dass das von Hoffmann von Fallersleben verfasste Gedicht »Morgen, Kinder, wird's was geben«, das 1850 von Carl Gottlieb Hering vertont wurde, eben nur in den Salons der wohlhabenden bürgerlichen Familien gesungen wurde. Umgekehrt kannten die Arbeiterkinder jener Zeit wohl weder Weihnachtsidylle noch Geschenke. Auf sie passt das zynische »Weihnachtslied, chemisch gereinigt« von Erich Kästner (1899–1974), unvergesslich als Autor von »Emil und die Detektive« oder »Das doppelte Lottchen«:

»Morgen, Kinder, wird's was geben!
Nur wer hat, kriegt noch geschenkt ...
Einmal kommt auch eure Zeit.
Morgen ist's noch nicht so weit.«

Der Holzstich
»Wünscherjungen am
Weihnachtsabend«
erschien am
19. Dezember 1863 in der
»Illustrierten Zeitung«.
Wiedergegeben sind drei
mit Bischofshut und
-gewand ausgestattete
»Wünscherjungen«, die in
einem bürgerlichen Haus
Einlass gefunden haben
und – laut Artikel –
gemäß dem biblischen
Bericht von der
Anbetung der Heiligen
Drei Könige »uralt
hergebrachte Reime«
aufsagen. Dafür erhalten
sie etwas Geld, Äpfel,
Lebkuchen und Nüsse.
Die Wünscherjungen
stammten meist aus
armen Familien und
konnten mit keinen
weiteren Weihnachts-
geschenken rechnen.

Und weiter heißt es:

> *»Doch ihr dürft nicht traurig werden.*
> *Reiche haben Armut gern.*
> *Gänsebraten macht Beschwerden.*
> *Puppen sind nicht mehr modern.*
> *Morgen kommt der Weihnachtsmann.*
> *Allerdings nur nebenan ...«*

Dennoch sei zum Schluss etwas Versöhnliches zum Thema Schenken bemerkt. Dass sich das weihnachtliche Schenken nämlich aus sehr unterschiedlichen Blickwinkeln betrachten lässt, mag an Charles Dickens' 1843 verfasster Erzählung »Christmas Carol. In Prose. Being a Ghost Story of Christmas« – Ein Weihnachtslied in Prosa, eine weihnachtliche Gespenstergeschichte – abzulesen sein. Diese Weihnachtsgeschichte, die Charles Dickens im Alter von 31 Jahren verfasste, ist nicht die erste und nicht die letzte, aber eine der warmherzigsten Erzählungen zum Fest aller Feste und gehört zu den beliebtesten Werken des Autors.

Dickens beschreibt hier, wie der herzlose alte Geizhals Ebenezer Scrooge – »hart und scharf wie ein Kiesel, aus dem kein Stahl je einen edlen Funken geschlagen hat« – in einer Weihnachtsnacht zu einem gütigen, hilfsbereiten Menschen wird: Er verschenkt etwas! Dass ihm die Freuden des Schenkens vor Augen geführt wurden, ist ein Schlüsselerlebnis und lässt ihn von nun an Weihnachten als eine Zeit allgemeinen Wohlwollens mitfeiern.

Vom Essen

Kein Fest ohne kulinarische Schlemmereien. Ein aufgetischtes Essen ist eben nicht nur die Befriedigung eines natürlichen Bedürfnisses. Vielmehr kommt dabei ein sehr vielschichtiges menschliches Beziehungsgeflecht zum Tragen. Immerhin stellen Mahlzeiten auch soziale und kommunikative Ereignisse dar, die Menschen am Tisch zusammenbringen sollen. Solche besonderen Festessen bleiben in der Erinnerung bestehen, selbst wenn der Hunger längst gestillt ist.

Der französische Dichter Alphonse Daudet beschreibt in seiner Weihnachtsgeschichte »Die drei stillen Messen« die üppige Szenerie eines Weihnachtsessens: »O Wonnen! Da wartet sie bereits, in Duft und Glanz, die unermesslich lange Tafel, bis zum Biegen geladen. Fasanen, braunrote, mit ihren knusprig gespreizten Flügeln. Flaschen, voll rubinrot funkelndem Wein. Pyramiden von Früchten, die hervorschwellen zwischen ihren grünen Blätterzweigen. Und all die wundervollen Fische – da liegen sie, herrlich lecker ausgebreitet auf ihrem Bett von Fenchelblättern, mit schimmernden Schuppen, frisch wie aus dem Wasser gezogen, und aus ihren weit offenen Nasenlöchern winken Sträußchen duftender Würzkräuter.«

Auch heute wird zu Weihnachten nicht gewöhnlich und nichts Gewöhnliches gegessen. Bekanntermaßen stehen besonders gerne Gans und Karpfen als traditionelle Festspeisen während der Weihnachtsfeiertage auf dem Tisch. In Württem-

berg sind knusprige Schweinebraten und würzige Schäufele im badischen Teil Baden-Württembergs besonders beliebt. Auch für den Heiligen Abend pflegt jede Familie eine eigene Tradition. Die einen schätzen Gerichte, die es schon in der Kindheit zu diesem Festtag gab, die meisten aber bevorzugen Speisen, die schnell zubereitet werden können, da man zwischen Bescherung, Familienbesuch und Kirchgang möglichst wenig Zeit am Herd verbringen möchte. Schwäbischer Kartoffelsalat zum Beispiel ist in unserer Region besonders populär.

Unabhängig von regionalen Vorlieben und sozialen Schichtungen, die natürlich unterschiedliches (Fest-)Essen ermöglich(t)en, erfährt man im Zusammenhang mit Weihnachten, Neujahr und dem Dreikönigsfest vor allem einiges über bestimmte Glaubensvorstellungen, Ver- und Gebote, die sich im festlichen Essen dieser Zeit widerspiegelten. Zumindest früher. Bereits im 16. Jahrhundert nannte der Freiburger Professor Lorichius das Weihnachtsbratenessen einen geradezu teuflischen Missbrauch. Dennoch ist die Fleischmahlzeit am Weihnachtsabend – trotz Fasttag – nie ganz verdrängt worden, obschon man am Tag selbst in der Regel wenig aß. So wurde das üppige Essen nach dem Besuch der Christmesse zu einem besonderen festtäglichen Genuss.

Diese Üppigkeit hat Methode und so sei dem Leser eine besonders originale Bezeichnung des Weihnachtsabends nicht vorenthalten: »Vullbuks Abend« nannte man ihn aufgrund der üppigen Schlemmerei in Norddeutschland, was in korrektes Hochdeutsch übersetzt sehr plastisch »Vollbauch-Abend« bedeutet. Man glaubte vielfach, »wer am Weihnachtsabend viel isst, dem geht es das ganze Jahr hindurch gut«. Es ging also beim weihnachtlichen Festessen nicht nur um den gesegneten Appetit!

Demzufolge war das, was die Teller füllte, so verschieden nicht. Immer wiederkehrend tauchten – wie an vielen Stellen dieses Buches ausgeführt wird – ganz bestimmte Speisen auf. Die kulinarische Summe vieler Einzelbelege ist: Brot und Kuchen, Brei (Grütze), Bohnen und Linsen sowie Fettreiches.

Was das Grundnahrungsmittel Brot angeht, so heißt es nicht umsonst im Schwäbischen: »Wo Fried ist, da ist Gott und Brot, wo Unfried ist, ist der Teufel und d'Not.« In der Regel ging es aber nicht nur um sättigende Speisen und um Grundnahrungsmittel, sondern auch um solche, denen traditionell eine heilsame Wirkung zugesprochen wurde. Am Heiligabend wurden keimende und quellende Speisen wie Bohnen und Linsen bevorzugt, aus der einfachen Überlegung heraus, dass sie quellenden Wohlstand bringen mögen. Auch mit dem Verzehr von rogenreichem Hering oder körnerreichem Mohnkuchen verbanden sich mystisch-abergläubische Vorstellungen – sie sollten so viel Geld und Glück bringen, wie sie Körner haben. Äpfel wiederum verliehen Gesundheit – was ohnehin nicht von der Hand zu weisen ist –, und aus Nußkernen glaubte man die Zukunft lesen zu können.

Von Silvester bis Dreikönig

Wenn der Himmel Funken sprüht

D er Neujahrstermin wechselte im Mittelalter mehrfach, bis Papst Innozenz XII. erstaunlich spät, nämlich erst im Jahr 1691, den Jahreswechsel endgültig auf den 1. Januar festlegte. Die Bräuche und Vorstellungen, die an diesen Tag anknüpfen, lassen sich nicht ohne die seines Vortags, des 31. Dezember, betrachten. Unvergesslich geworden ist in diesem Zusammenhang der Tagesheilige, nämlich der heilige Silvester, der von 314 bis 335 Papst war und just am 31. Dezember gestorben ist. Unter seinem Pontifikat vollzog sich die Einführung des Christentums als römische Staatsreligion unter Kaiser Konstantin, den Papst Silvester I. sogar getauft haben soll. Viele Legenden erzählen von seinen Wundertaten. Unter anderen soll er den Kaiser von Lepra geheilt und bekehrt haben. Er soll Rom von einem Drachen befreit und einen toten Stier wieder lebendig gemacht haben. Silvester galt als Patron der Haustiere. Noch heute gehen viele Menschen am 31. Dezember in die Kirche, um für den Schutz ihrer Haustiere zu beten.

Die eigentliche Silvesterfeier hat aber mit dem Heiligen nichts zu tun, zumal ja auch die eigentliche Jahresrechnung der Kirche mit dem ersten Adventssonntag beginnt. Silvester war und ist demnach ein weltliches Volksfest und auch die entsprechenden Bräuche vermitteln keine – sagen wir – christlich-religiöse Dimension.

Peitschenknallen, Kettenrasseln, Feuerwerk und Neujahrsschießen

Heute ist beinahe überall das Abschießen von Feuerwerkskörpern oder Knallfröschen zur lärmenden Begrüßung des neuen Jahrs Usus. Zugegeben, kaum etwas ist so vergänglich wie ein Feuerwerk. Zischen, Knallen, Krachen – vorbei! Ein Feuerwerk kann man nicht festhalten, nur erleben und vielleicht macht gerade das seine Faszination aus. Dass der Bedeutungsschwerpunkt der Silvesternacht auf dem Lärm lag, sei es durch Böllerschüsse, Neujahrsschießen, Peitschenknallen oder Kettenrasseln, ist historisch vielerorts belegt. Vor allem im alpinen Raum ist das Abgeben von Salven aus dem Gewehr in der Silvesternacht berühmt. In Schwaben war das Neujahrsanschießen mit Gewehren und gelegentlich auch mit Pistolen noch zu Beginn des 20. Jahrhunderts allgemein gebräuchlich. Das Lärmen folgte in der Regel bestimmten Gesetzen. Genaueren Aufschluss darüber erhalten wir durch die volkskundliche Umfrage im bayerisch-schwäbischen Raum um 1909, wobei in kaum mehr überschaubarer Vielfalt spezifiziert und differenziert wird. Aus der Unzahl der Beispiele sei Gersthofen (heute Landkreis Augsburg) herausgegriffen. Hier wurde das neue Jahr nur von den ledigen, männlichen Personen mit gemeinschaftlichen Salven »angeschossen«. Aus Kemnat (Landkreis Günzburg) und Hindelang (heute Landkreis Oberallgäu) erfahren wir, dass der Schütze als Belohnung für seine Freudenschüsse das traditionell zu Weihnachten gebackene Hutzelbrot der Angebeteten anschneiden durfte und zudem einen »Extraschnaps« vorgesetzt bekam. Ähnlich war es in Altusried (heute Landkreis Oberallgäu), wo die Schützen Birnzelten, Schnaps oder Zigarren erhielten, und da, wo ein besonderes Liebesverhältnis bestand, zusätzlich einen »eigens gut gebackene Birnzelten« oder ein Kleidungsstück. In Sulzschneid (heute Landkreis Ostallgäu) feuerte der Verehrer seine Böllerschüsse nicht von einem festen Traditionsplatz aus ab, sondern unmittelbar vor dem Kammerfenster seiner Liebsten und wurde dafür in der Wohnstube mit Früchtebrot, Schnaps und Likör bewirtet.

Auch in Weißenhorn ist um diese Zeit das Neujahrsschießen noch schriftlich belegt: Da »schießet Buaba de Mädle' Neujohr a«, aber auch Kinder ihren Eltern, womit gemeint war, dass Böller-

schüsse abgegeben wurden. Neben der abergläubischen Vorstellung, damit Dämonen abzuwehren beziehungsweise das Unglückbringende zu vertreiben, steckte hinter all diesen Aktionen mit Gewehren und Pistolen in erster Linie Ausgelassenheit. Gelegentlich eskalierte dieser Übermut,

Dieser um 1700 entstandene Lebkuchenmodel aus Österreich zeigt einen reitenden Edelmann in prächtiger Kleidung, mit Perücke und Dreispitz auf der Jagd. Solche Lebkuchen mit Reitermotiv galten als typische Neujahrsgebäcke, vor allem von den Paten für die Buben.

wie man aus Polizeiverboten und alten Berichten über zum Teil schwer wiegende Schussverletzungen weiß. In Oxenbronn (heute Landkreis Günzburg) hat man sich zu Beginn des 20. Jahrhunderts offensichtlich herzlich wenig um dieses Verbot gekümmert. Nach wie vor wurde das Neue Jahr von den ledigen Männern mit Schüssen begrüßt, ungeachtet des damals schon bestehenden polizeilichen Verbots. Der gelegentlich unverantwortliche Umgang mit dem Gewehr und die damit verbundenen Gefahren mögen dazu geführt haben, dass schon seit dem 19. Jahrhundert Knallfrösche und Feuerwerkskörper zunehmend die Gewehre mit ihren Salven ersetzt haben.

»Ich wünschana a guats nuis Jauhr«

Früher wurde zu Silvester und Neujahr besonders eifrig gesungen. In Gundelfingen beispielsweise (heute Landkreis Dillingen) versammelten sich die Menschen nach dem Neujahrsschießen und hörten der Stadtkapelle zu, die vom Stadtturm aus um Mitternacht das neue Jahr mit drei Musikstücken begrüßte. Auch Kinder gingen von Haus zu Haus und sangen (Weihnachts-)Lieder, um ein gutes neues Jahr zu wünschen, etwa in Aufheim (heute Landkreis Neu-Ulm) oder in Oberegg (Landkreis Unterallgäu). Meist erhielten die Sänger eine Belohnung, etwa wie in Aufheim einen »Zelten« (Hutzelbrot). In Oberthingau (heute Landkreis Ostallgäu) gingen die Schulkinder von Haus zu Haus, um ein gutes neues Jahr zu wünschen: »Ich wünschana a guats nuis Jauhr, dass dr lang leabet, gsund bleibat und in de Himel kommet.« Als Belohnung erhielten sie kleine Geldgeschenke, Äpfel, Nüsse, gedörrte Birnen, Semmel oder Bleistifte. Auch das Umherziehen der Musikkapelle von Haus zu Haus ist zu Beginn des 20. Jahrhunderts belegt (zum Beispiel aus Biberachzell) und wird gegenwärtig vielerorts noch ausgeübt. Beispiel Weißenhorn: Hier geht die Stadtkapelle am Neujahrsmorgen bis heute zu

Die schön bemalte Abformung des Reitermodels, die alle ornamentalen Details von Tier und Reiter besonders plastisch wiedergibt.

verschiedenen Orten wie dem Pfarrhaus, dem Altenheim oder dem Museum, aber natürlich auch zu den Honoratioren, um hier weihnachtliche Lieder zu spielen. Dafür benötigen sie meist zwei Tage, zumal sie an den einzelnen Stationen gut bewirtet werden.

Wie der Anfang, so das ganze Jahr

Ein Jahreswechsel, also die Wendezeit vom Alten zum Neuen war und ist verbunden mit vielen (auch wirtschaftlichen) Hoffnungen, Wünschen und Vorsätzen, aber natürlich auch mit Ängsten und Unsicherheiten. Wenig erstaunlich, dass ein Lieblingsthema zu Silvester und Neujahr Orakel waren und sind. Schließlich möchte manch einer wissen, was die Zukunft bringt.

Vielfach gab es bereits am Weihnachtsabend Beschwörungen für das kommende Jahr. Das hängt damit zusammen, dass der Jahresanfang früher verschiedene Daten hatte – Weihnachtstag, 1. oder 6. Januar. Diese ursprünglichen Zusammenhänge konnten auch im Laufe der Jahrhunderte nicht gänzlich verwischt werden, was sich anhand einiger Beispiele gut verdeutlichen lässt. So wünschten sich die Einwohner von Winterbach (Bayerisch-Schwaben) noch um 1909 am Weihnachtsabend nach der Christmette »ein guats Jaur« und am Neujahr nochmals »ein glückseligs Jaur«. Auch die unterschiedlichen Termine für bestimmte Orakel erinnern an diese alten Verhältnisse. So ist aus Weißenhorn ebenso wie aus Lauingen (heute Landkreis Dillingen), Biberachzell (heute Landkreis Neu-

Ulm), Ehingen (heute Landkreis Donau-Ries) und Gessertshausen (heute Landkreis Augsburg) überliefert, dass am Heiligabend – andernorts erst zu Neujahr oder am Dreikönigstag – Zwiebelschalen auseinander geschnitten und zwölf Zwiebelschalen, die die kommenden zwölf Monate symbolisieren sollten, nebeneinander gelegt wurden. In jede Schale wurde Salz gelegt. Wo das Salz schmolz, sollte der betreffende Monat regenreich werden, wo es blieb, trocken.

Ebenfalls eine Art Wahrsagerei lag in der Deutung des Bleigießens, bei der viel Fantasie erforderlich ist. Beispielhaft angeführt sei Oberrei-

Ein Model (um 1850) mit dem Motiv des Schornsteinfegers als Glücksbringer. Glücksbringer deshalb, weil seine Arbeit mit der Glück bringenden Bedeutung des häuslichen Herdes verbunden ist. Außerdem sorgt der Schornsteinfeger dafür, dass weiterhin »der Kamin raucht«, womit symbolisch eine florierende Wirtschaft gemeint ist.

chenbach (heute Landkreis Neu-Ulm), wo um 1909 berichtet wird, dass man in der Heiligen Nacht geschmolzenes Blei in kaltes Wasser gießen soll. Die entstehenden Formen zeigen entweder die Braut oder die berufliche Zukunft (Handwerkszeichen wie Hammer, Kelle oder Schere). Bedenkt man aber, dass das Bleigießen auch heute noch eine magische Praktik hinsichtlich der Jahresprognose und zudem ein sehr beliebter Silvesterspaß ist, lässt sich nur feststellen: Früher war man gar nicht so exotisch!

Brezeln, fettreiche Speisen, Küchle und Nüsse

Hoch im Kurs standen immer schon entsprechende Glücksbringer – früher vor allem Brezeln, Äpfel oder Nüsse, deren vermutete Heil- und Zauberkraft sie besonders beliebt machten. Zum Beispiel Brezeln. Da diese früher Abendmahlsgebäcke waren, also einen eucharistischen Ursprung hatten, galten sie seit jeher als heilig und die Menschen verbanden damit christlich-mystische und abergläubische Vorstellungen.

»Herzliche Neujahrsgrüße mit Brezeln« – auch diese sollten im kommenden Jahr (Liebes-)Glück bringen sowie Schutz vor Verhexung und Krankheit bieten.

Herzliche Neujahrsgrüße!

Da ist er schon, der frische Kuchen /
Du wirst ihn selber bald versuchen. /
Verheissungsvoll schön braun und gar
Gleicht er dem neugeback'nen Jahr. /
Dass in des Teiges Einerlei / Für Dich
viel Würze drinnen sei / Rosinen,
Mandeln, Honigseim / Wünscht Dir

Haus Meuschel, Mainbernheim.

Davon abgesehen schätzte man gutes und fettes Essen zu diesem bestimmten Termin als wichtig ein. Dem Fett – meist musste es Küchlefett sein – schrieb man eine besondere Fruchtbarkeitswirkung zu, ja sogar Heil- und Abwehrkraft sollte es haben. In der Regel sahen die Speisezettel in den verschiedenen Regionen fettreiche Speisen, quellende und keimende Erbsen, Linsen oder Bohnen vor, die als Fruchtbarkeitssymbole galten, oder (Schmalz-)Küchle, Brot und Kuchen – vielleicht weil eine gewisse Fülle als guter Vorbote für das ganze Jahr galt.

In Steißlingen im Hegau (das ist gewiss nur eines von vielen Beispielen aus der Region) aß der Hausvater am Silvesterabend mit den Seinen Nussbrot, Nüsse und Käse und trank erstmals vom neuen Wein, der bei den selbst kelternden Bauern als Jahresvorrat bereits fertig im Keller lag. Auch die Tiere im Stall erhielten an diesem Tag entsprechende Speisen, um sie an deren magischen Kräften teilhaben zu lassen.

Im Moment der Veränderung wurden selbst die geringfügigsten Handlungen wichtig und erschienen aussagekräftig. Und so hielt man sich – um Unglück abzuwehren und das Glück zu mehren – früher strikt an bestimmte Verhaltensregeln. Auf keinen Fall etwa durfte die große Wäsche erledigt und Textilien zum Trocknen ins Freie gehängt werden, denn alles, was nach draußen gebracht wurde, konnte in dieser Zeit der Rauh- oder Zwölfnächte mit ihren unheimlichen Kräften Macht über einen selbst erlangen.

»Wir haben seinen Stern aufgehen sehen«

Der 6. Januar stellte ursprünglich eine Art Sammelfest mit verschiedenen Sinngebungen dar – zum einen dachte man dabei an einzigartige Vorkommnisse aus dem Leben Jesu, bei denen seine Gottesherrschaft in besonderer Weise hervorgetreten war, wie die Verwandlung von Wasser zu Wein auf der Hochzeit zu Kanaan oder die Erscheinung der Gottheit des Herrn (Epiphanie). Zum anderen gedachte man an diesem Tag der Taufe Jesu im Jordan, der Huldigung der drei Weisen aus dem Morgenland, zeitweilig sogar der menschlichen Geburt Jesu. Nachdem die Datierung des Christgeburtsfestes endgültig auf den 24. Dezember festgelegt worden war, lag im Abendland der Nachdruck auf der Huldigung durch die Heiligen Drei Könige.

Wer aber waren die berühmten Gabenbringer aus dem Morgenland, woher kamen sie und wohin gingen sie nach ihrem Besuch in Bethlehem?

Die Heiligen Drei Könige

Die »Spurensuche« beginnt in der biblischen Welt. Im Matthäus-Evangelium (Mt 2,1–12) tauchen die Drei Könige aus dem Morgenland, die nach Jerusalem kamen und den neugeborenen König suchten, zum ersten Mal auf. Hier freilich ist noch nicht von Königen, sondern von Weisen die Rede. Sie fanden das Kind in der Krippe und schenkten ihm drei Gaben, nämlich Gold, Weihrauch und Myrre. Drei Geschenke von drei Königen? Letzteres ist bis heute nicht genau geklärt, denn das Matthäus-Evangelium, das einige Jahrzehnte nach Jesu Tod geschrieben wurde, hat uns viele Details nicht verraten. Die jüngere Forschung geht mittlerweile davon aus, dass es persische Priester aus Babylon waren, angesehene Heiler und Traumdeuter, die seinerzeit eine der berühmtesten Pilgerreisen aller Zeiten unternommen haben. Für diese Sterndeuter war der angekündigte Messias Gott und König. Dementsprechend hätten sie keine wertvolleren Gaben wählen können als die, über die die Bibel deutlich Auskunft gibt: Gold – ein wertvolles, königliches Metall mit geradezu göttlichen Eigenschaften, das zugleich aus der Erde kommt. Weihrauch – ein kostbares Harz, dessen Gewicht bis heute mit Gold aufgewogen wird. Es steht für das Göttliche. Das ganz besonders kostbare Harz Myrre als dritte Gabe ist sogar siebenmal wertvoller als Gold, was genug darüber aussagt, welche umfassende Bedeutung man ihm zuschrieb. Mit Myrre wurden die Toten einbalsamiert, zugleich war dieses Harz wegen seiner Heilkraft auch für die Lebenden begehrt. Schon im 2. Jahrhundert wurden die Geschenke als Symbole für die Person Christi verstanden: Er war zugleich König, Gott und Mensch.

Zurück zu den Heiligen Drei Königen. Kaiserin Helena, die Mutter Konstantins, soll die Gebeine der Drei Könige gefunden und nach Mailand bringen haben lassen. Nach der Unterwerfung der norditalienischen Stadt durch Kaiser Barbarossa wurden die vermeintlichen Reliquien im Jahr 1164 nach Köln gebracht, womit die »Heiligen Drei Könige« im deutschsprachigen Raum endgültig in den Vordergrund traten. Als christliche Heilige wurden sie zugleich zu Beschützern der Reisenden und der Gasthäuser.

Was bleibt, ist eine Legende, jedenfalls lässt sich vieles historisch weder beweisen noch widerlegen. Nach und nach wurden die Berichte über das Leben, die Geschenke und die Namen ausgeschmückt. Berichte, denen zufolge die Sterndeuter Könige waren, stammen freilich erst aus dem 6. Jahrhundert, einfach, weil man annahm, dass nur Könige Königsgeschenke überreichen konnten. Aus den Magiern wurden Könige mit den Namen Melichior, Bithisarea und Gatha-

Anbetung der Könige, 1784. Rechtes Seitenaltarbild in der Pfarrkirche Sankt Ägidius in Schabringen bei Wittislingen von Konrad Huber (1752–1830)

Lebkuchenmodel, wohl aus Süddeutschland (um 1700), mit der »Anbetung der Heiligen Drei Könige«. Zu Maria im Stall kommen die drei Könige, ihre Geschenke vor sich hertragend.

spa. Es dauerte 300 Jahre, bis daraus die heute bekannten Namen Caspar, Melchior und Balthasar wurden. Im Mittelalter erschienen sie als Repräsentanten dreier Altersstufen: Jugend, Erwachsener und Alter. In der Renaissance dann standen sie auch für unterschiedliche Ethnien und erschienen als Vertreter der damals bekannten drei Erdteile: Europa, Afrika und Asien.

Bräuche und Festformen zu Dreikönig

Auch in der Volksfrömmigkeit sind die Heiligen Drei Könige so stark in den Vordergrund getreten, dass die Epiphanie fast nur noch Dreikönigsfest genannt wird. Ursprünglich waren die Dreikönigsbräuche, von denen es heute nur noch wenige gibt, eng mit denen zu Neujahr verquickt. Für das Brauchverständnis ist wichtig, dass dies mit der lange Zeit unterschiedlichen Datierung des Jahresanfangs zusammenhängt. Zumal der 6. Januar als der letzte Tag der zwölf Rauhnächte galt und somit – zumindest im bäuerlichen Lebenskreis – als der eigentliche Neubeginn des Jahres verstanden wurde. Zugleich sammeln sich an diesem Termin die letzten Weihnachtsbräuche wie das Plündern des Christbaums oder das Umgießen und Neudeuten des Silvesterbleis.

In erster Linie sind es die Drei Könige selbst, die als Kernfiguren im Mittelpunkt verschiedener Brauchhandlungen und abergläubischer Vorstellungen stehen, die neben der Religion das Weltbild der Menschen formten. Hier wie dort verbanden die Menschen mit der Anrufung der Drei Könige einen Abwehrsegen gegen alles Unheil für Haus und Hof im kommenden Jahr. Dazu wurden die Anfangsbuchstaben ihrer Namen auf die Türbalken geschrieben. Auch andere ganz ähnlich geartete Bräuche bezweckten die Herbeiführung von Segen und Fruchtbarkeit, wenig erstaunlich für agrargesellschaftliche Gruppen, die auf die Gunst von Wetter und Boden angewiesen waren. In Schwaben beispielsweise sollten all die Obstbäume, die während des Kirchenläutens am Vorabend der Dreikönige mit Stroh eingebunden werden konnten, im nächsten Jahr reiche Frucht tragen. Solche Gepflogenheiten haben in der Regel nie den Sprung vom Land in die Stadt geschafft.

Neben diese magischen, abergläubischen Praktiken treten die offiziellen der Kirche. Was diese Bräuche angeht, so spannt sich ein geschlossener Bogen über die gesamte Region. Vielerorts wurde die Einsegnung der Häuser und Ställe durch den katholischen Pfarrer mit dem geweihten Wasser vorgenommen. Mancherorts räucherte man auch Stall und Haus mit Weihrauch aus und besprengte sie mit Dreikönigswasser. Aus dem schwäbischen Winterbach (Landkreis Günzburg) oder aus Weißenhorn wissen wir, dass am Vorabend der Heiligen Dreikönige in der Kirche Salz, Kreide, Weihrauch und Wasser geweiht wurden. Mit der geweihten Kreide schrieb man an die Türen die Namen »C + M + B« sowie die Jahreszahl, um Unglück von der Wohnung, den Ställen und den Tieren fernzuhalten. Dieser Brauch wird auch heute noch gepflegt.

Es wird spezifiziert und differenziert in großer Vielfalt: So galt im Badischen das um Mitternacht vor Dreikönig ge-

»C + M + B + 05«, für Caspar, Melchior, Balthasar sowie die entsprechende Jahreszahl, auch als »Christus Mansionem Benedicat« (der Herr segne dieses Haus) gedeutet

schöpfte geweihte Wasser als besonders heilkräftig. Im badischen Bolschweil streute man das zuvor geweihte Salz bei drohendem Gewitter zum Fenster hinaus. Im schwäbischen Oberland wurde das Salz angefeuchtet, in kleine Scheiben geformt und getrocknet. Und in Boos (heute Landkreis Unterallgäu) ist für 1909 belegt, dass geweihtes Salz und Wasser vermengt und wieder getrocknet wurden, so dass es einen kleinen Salzstein gab. Davon erhielt jedes neu zugekaufte Stück Vieh ein Stück auf das erste Futter.

Darüber hinaus sollten die Drei Könige auch Schutz vor menschlichen Krankheiten bieten, was in der Volksmedizin immer wieder zur Anwendung kam. In Freiburg etwa wurden die Drei Könige gegen Kopfweh angebetet.

Vom Sternsingen

Die Sternsinger, die als die Dreikönige mit einem leuchtenden Stern von Haus zu Haus ziehen, um in Versen oder Liedern die Geschichte der Weisen aus dem Morgenland zu erzählen und Gaben zu erbitten, verkörpern einen in katholischen Gegenden gepflegten Brauch, der bis ins späte Mittelalter zurückreicht. Im 16. Jahrhundert breitete sich das Sternsingen allgemein aus, in Erinnerung an den Stern, der die Drei Könige nach Bethlehem geführt haben soll. Der früheste zuverlässige Bericht hierzu stammt aus dem ältesten Kloster im deutschsprachigen Raum, dem Benediktinerstift Sankt Peter zu Salzburg, wo 1541 die »Singer mit dem Stern«

am Fest der Heiligen Drei Könige »eine Geldsumme erhalten.« Zuerst wurde er in Klöstern und Gymnasien im Umkreis von Bischofsstädten und Stiften bekannt. Die Brauchpraxis sah so aus, dass Schüler als Könige verkleidet durch die Straßen zogen und den Zug zur Krippe nachspielten. Die Geschenke, die die Kinder erhielten, kamen den Brauchträgern zugute, sodass sich der Brauch entsprechend großer Beliebtheit erfreute. Neben kleineren Geldsummen gab es häufig Hutzelbrot, Krapfen, Äpfel, Lebkuchen oder Nüsse.

Vom Sternsingen in Haslach im Kinzigtal lieferte noch Mitte des 19. Jahrhunderts der katholische Pfarrer und Zentrumsabgeordnete im Reichstag, Heinrich Hansjakob, eine präzise Beschreibung. In der Regel zogen seinerzeit Singknaben vom Kirchenchor in entsprechender Kleidung von Haus zu Haus und sangen vielstrophige Dreikönigslieder. Begleitet wurden sie von einem Nachtwächter, der an einer langen Stange einen weißen, in Öl getränkten Papierstern trug. Im Inneren des Sterns brannte eine Kerze. Überall wurden die Türen und Fenster geöffnet, um den Sängern zuzuhören. Bemerkenswert die beschriebene Inszenierung der Geschenkeübergabe, wie sie in Haslach offenbar vor 150 Jahren noch gepflegt wurde: »Aus dem unteren Stockwerk brachten die Kinder des Hauses in einem Papier eingewickelt die Sängergabe, und das war der innerste Kern des ganzen Königtums und der Sternendreherei – die Leute im obern Stock brannten das Papier an und warfen die Kreuzer und Groschen wie Leuchtkugeln zu den Füßen der heiligen Dreikönige. Da [im Haus eines reichen Bäckers] ward seit alten Zeiten von den heiligen Dreikönigen und ihrem Stern Einkehr gehalten. Der Letztere wurde in den Hausgang gestellt und einstweilen gelöscht, den heiligen Dreikönigen und ihrem Sternenträger aber am Stubentisch Wein und frisch gebackene Brezeln serviert ...«

Der Haslacher Sternsingerbrauch hat sich bis in die Gegenwart erhalten, sieht man einmal davon ab, dass statt des Kerzenstumpfes ein elektrisches Licht in den Stern eingesetzt worden ist, man das Geld nicht mehr in brennenden Papierknäueln herunterwirft und nicht mehr ganz so viel gesungen wird. Und noch etwas Wesentliches hat sich geändert: Das Geldeinsammeln wie die gesamte Aktion – hier wie anderswo – geschieht nicht mehr zu eigenen Gunsten,

Sternsinger auf einer historischen Postkarte

sondern ist als Spende für Not leidende Kinder in der Dritten Welt bestimmt.

Christus segne dieses Haus

Das Dreikönigssingen wurde 1958 offiziell vom Kindermissionswerk/Die Sternsinger in Aachen mit neuem Ziel wieder aufgegriffen: gedacht als Hilfsaktion von Kindern und Jugendlichen für Kinder und Jugendliche in Not. Die Sternsinger schreiben dabei die jeweilige Jahreszahl und die Buchstaben »C + M + B« an die Türen. Es sind die Anfangsbuchstaben für einen Segen in lateinischer Sprache: »Christus Mansionem Benedicat« (»Christus möge dieses Haus segnen«).

Wenn sich Kinder und Jugendliche in dieser Weise engagieren, ist das zum einen ein Stück wirkliches Gemeindeleben. Zum anderen besitzt dieser neu belebte Brauch aber durchaus auch eine pädagogische und gesellschaftspolitische Dimension. Die Kinder selbst setzen sich ein für eine bessere Welt. Und auch wenn im Gegensatz zu

Januar 2005: Die Heiligen Drei Könige, zusammen mit zwei Sternträgern, auf ihrer Mission für Kinder und Jugendliche in Not. Diese Sternsinger-Aktion hat sich heute vielerorts zu einer festen Größe in den katholischen Gemeinden und in der kirchlichen Entwicklungsarbeit in Deutschland und darüber hinaus entwickelt.

vergangenen Zeiten die Brauchträger die Geldgeschenke nicht mehr behalten, so ist die ideelle Belohnung – in Form von Süßigkeiten, vor allem aber durch Sympathiebekundungen und Dank – für die Kinder sehr zufrieden stellend.

Die Dreikönigsspiele in Heiligenzell

Gelegentlich wurde die Verehrung der Heiligen Drei Könige durch die Sternsinger zu einem richtigen Einkehrbrauch der Heiligen Drei Könige erweitert: In einem bis heute gepflegten Dreikönigsspiel im badischen Heiligenzell bei Lahr beispielsweise haben sich Dreikönigsspiel und Sternsingeraktion miteinander vermischt. Dabei gehen die Brauchträger – Schüler, früher traditionell der letzte Grundschuljahrgang – an den Tagen zwischen Weihnachten und Dreikönig von Haus zu Haus und bitten mit traditionell festgelegten Versen um Einlass für ein »Stubenspiel«. Der zentrale Gehalt des Spiels sind die biblischen Handlungsabläufe rund um die Heiligen Drei Könige, wobei ein Auftritt des Heiligen Joseph und des Königs Herodes mit eingeschlossen wird. Die handelnden Personen stellen sich selbst mit dem Namen vor und spielen das Geschehen nach, mittlerweile allerdings in textlich stark eingeschränkter Form, sodass das ganze Spiel nur noch rund zehn Minuten dauert.

Dieses Dreikönigsspiel ist in verschiedenen Spielvarianten, aber letztlich in ganz ähnlicher Gestalt, in der gesamten Ortenauregion bezeugt, etwa in Oberweier bei Lahr, in Kappelrodeck bei Achern, in Varnhalt bei Bühl, in Zell am Harmersbach, in Steinach im Kinzigtal oder in Kirchzell im Odenwald, und so ist die vielfach geäußerte Vermutung, dass die Anregung und sogar das Urspiel auf die Benediktiner aus dem nahe gelegenen ehemaligen Stift Schuttern zurückgeht, durchaus wahrscheinlich.

Für das beschriebene Dreikönigsspiel, das einen Auftritt des Herodes mit einschließt, gibt es sogar vor Mitte des 18. Jahrhunderts Belege aus den Auswanderungsgebieten der »Donauschwaben«, die das Spiel in ihre neuen Siedlungsgebiete mitgenommen und dort weitergeführt haben.

Gebäckgeschichten

Schmalzgebackenes zum Neuen Jahr

Der Beginn des neuen Jahres kennt viele Bräuche und noch mehr Backwerke. Vielfach handelt es sich dabei um in siedendem Fett ausgebackene Teigkuchen, die regional sehr verschieden Berliner, Krapfen oder Küchli heißen. Auch wenn die Hochzeit dieser Gebäcke heute die Fastnachtszeit ist, so gab es sie auch an den alten Neujahrsterminen wie Weihnachten, Neujahr und Dreikönig.

*Krapfenbacken in Berlin.
Die Abbildung ist
1900 erschienen in
»Daheim. Ein deutsches
Familienblatt«.*

Landauf, landab in der Region ging es ähnlich zu: Aus Eutenhausen (Landkreis Unterallgäu) wird noch vor gut 100 Jahren berichtet, dass zum Dienstbotenwechsel an Lichtmess Küchle gebacken und den austretenden Dienstboten gegeben wurden (»ausbacken«). Auch die neu eintretenden Mägde und Knechte ließen sich dieses Gebäck nicht nehmen (»einbacken«). In Hochaltingen (heute Landkreis Donau-Ries) erhielt jedes Familienmitglied und jeder Dienstbote zum Neujahr einen Neujahrskrapfen, gefüllt mit Zwetschgen- oder Apfelmus. Aus Oppertshofen (heute Landkreis Donau-Ries) wissen wir, dass die ledigen Burschen nach dem Neujahrsschießen einen »Krapfa« erhielten, ebenso die neu eintretenden Dienstboten. Alle wünschen sich gegenseitig ein gutes neues Jahr und die kleineren Kinder fügten als spielerische Beschwörung hinzu: »Ich bin klein, mein Wunsch ist klein, d's Kräpfle werde scho größer sein.«

Nun stellt sich die Frage, warum gerade Schmalzgebäcke zum Jahreswechsel derart beliebt waren und sind. Zum einen mag die Beliebtheit und die Fülle an Schmalzgebackenem mit der landwirtschaftlichen Struktur der Region zusammenhängen. Im Zusammenhang mit der Viehwirtschaft, wie sie vor allem im schwäbischen Allgäu, im Oberland und im Hohenlohischen betrieben wurde, fiel viel Butterschmalz an, also Milchfett, das man durch das Auslassen von Butter erhielt.

Darüber hinaus galt es gerade in Zeiten des Neubeginns als gutes Omen für das ganze Jahr, reichlich, das heißt, fett zu essen. In der Faschingszeit verstärkte sich dieser Gedanke noch, denn in der Zeit vor dem vierzigtägigen Fasten schien es geboten, besonders gut zu essen. Aber auch in anderer Hinsicht genoss Fett – Küchlefett musste es sein – eine besondere Wertschätzung: wachstumsfördernd sollte es sein, ja sogar Heil- und Abwehrkraft haben. Und so verdient vielleicht die Tatsache eine Fußnote, dass man früher sogar Fuhrwagen und das Joch der Zugtiere damit einschmierte. Aber auch Hühner und Marder erhielten ihr Fett weg – Hühner, damit sie legten, Marder und Füchse, damit sie nicht erlegten!

Am populärsten sind gewiss die Krapfen, die in Deutschland beinahe jeder unter dem Begriff »Berliner Pfannkuchen« oder kurz unter »Berliner« kennt. Das Erstgeburtsrecht kann Berlin deshalb aber noch lange nicht für sich in Anspruch nehmen, denn bereits im Altertum kannte man Fettgebäcke aus Hefeteig. So bereiteten schon die Bediensteten der sumerischen und ägyptischen Könige vor über 3600 Jahren ein erstaunlich großes Sortiment an Fettgebäcken und auch die Römer kannten raffinierte, kugelförmige und mit Honig bestrichene Schmalzgebäcke, die in haushaltsüblichen dreifüßigen Pfannen über der Feuerstelle zubereitet wurden.

Grundlage bildet nach wie vor ein Teig aus Mehl, Hefe, Eier, Fett, Zucker, Salz und Flüssigkeit. Gerne werden die von Fett gebräunten Kugeln mittlerweile unter Zuhilfenahme einer Marmeladenspritze mit einem süßem Inhalt gefüllt: mit Erdbeermarmelade oder einem Gemisch aus Früchten,

zuweilen auch mit Schokoladen- oder Vanillecreme. Nicht verschwiegen werden soll die weniger angenehme »Scherzfüllung« mit Senf. Getarnt mit Zuckerguss sieht dieser »scharfe Berliner« zum Vergnügen der Silvestergäste den konfitüregefüllten Krapfenklassikern zum Verwechseln ähnlich. Erst der erste Biss des Uneingeweihten bringt den kleinen Unterschied dann an den Tag. Es ist eben immer schon ein Vergnügen gewesen, den Mitmenschen Schein für Sein zu »verkaufen«.

Aber zurück zur Vergangenheit des Krapfens, denn Schmalzgebäcke sind auch in Deutschland, Österreich und der Schweiz schon lange bekannt. Demnach hat sich die Praxis, von Neujahr an bis

Ein italienischer Krapfenbäcker bei der Arbeit. Zu sehen auf einer wohl italienischen Lithografie (um 1840).

zur Fastnacht fette Speisen und fettes Gebäck zu essen, um sich vor der nahenden Fastenzeit zu stärken, bei den Menschen in Jahrhunderten eingeprägt. Jedenfalls waren die Gebilde aus Teig und Fett bereits 1540 Hans Sachs, dem nimmermüden Autor von Fastnachtsspielen und Führer der Nürnberger Narrengemeinschaft, wohlbekannt. In einem Fastnachtsspiel beschrieb er das gegenseitige Beschenken mit Krapfen: »Ich hab zur Nacht Euch hergeladen, dass Ihr Euch Krapfen holt und Fladen; und heut' mit mir wollt Fasnet halten, dem Brauche nach, dem guten, alten«.

Vom Wiener Faschingskrapfen

Tatsache ist aber auch, dass es vor allem in der bäuerlichen Küche Österreichs und Süddeutschlands bereits vor Jahrhunderten unterschiedliche Schmalzgebäcke gab, damals meist ungesüßt, mit Fleisch, Kraut, Fisch, Obst oder Nüssen gefüllt, warm oder kalt serviert, die als Krapfen bezeichnet wurden. Bereits im 15. Jahrhundert gab es in Wien auch schon den Berufsstand der Krapfenbäcker und Krapfenbäckerinnen (!), sodass es genügend zahlungskräftige Abnehmer gegeben haben muss.

Eine Verfeinerung des Krapfens durch eine Marmeladenfüllung gab es allerdings erst in der Zeit des Barock. Ungeachtet der Legende um eine Krapfenbäckerin mit den bezeichnenden Namen Cäcilie Krapf ist die historische Wahrheit wie so oft eigentlich wenig spektakulär. Als Abkömmling des schon lange bekannten, derberen Bauern-

krapfens wurde der verfeinerte, mit Marmelade gefüllte Faschingskrapfen im Wien des 18. und vor allem des 19. Jahrhunderts »en vogue«. In schöner runder Ballenform und mit dem charakteristischen hellen Stehkragen – in Österreich »Ranftl« genannt – versehen, fand er in den Salons begeisterte Aufnahme. Der »Export« einer solchermaßen beliebten Nascherei nach Berlin im 19. Jahrhundert mag dann nur noch eine Sache der Zeit gewesen sein. In den ländlichen Regionen Ost- und Westpreußens kannte man den gefüllten Berliner Pfannkuchen allerdings erst um 1920, auch wenn ungefüllte Pfannkuchengebäcke zu Silvester und Neujahr durchaus schon länger üblich waren.

Brezeln für einen glücklichen Jahresbeginn

Es wurde schon erwähnt: Viele Jahrhunderte hinweg galt die Brezel über die Sättigung hinaus aufgrund ihrer Herkunft als Kult- und Abendmahlsbrot als besonders Heil bringend. Seit jeher verbanden die Menschen mit diesem Gebäck zahlreiche Glücksfantasien und Schutzfunktionen. Wen wundert's, dass es kaum einen Anlass, kein Fest im Jahres- und Lebenslauf gab, an dem nicht eine besondere Brezel gebacken wurde, so auch an Neujahr. Ganz unspezifisch sollten Brezeln zum neuen Jahr Glück und Liebe ermöglichen, aber auch Schutz vor Verhexung und Krankheit bieten. Hierbei spielte das Gebäck als Glücks- und Liebesbringer vor allem in

Bis heute sind die meist aus Mehl, Hefe, Milch, Zucker und Fett bestehenden süßen Neujahrsbrezeln vor allem in Baden, im Rheinland und in Westfalen bekannt. Früher bekamen die Kinder im schwäbischen, alemannischen und österreichischen Raum am Neujahrsmorgen eine solche riesige Neujahrsbrezel von ihren Paten geschenkt.

Baden-Württemberg eine wichtige Rolle. Im Mittelpunkt standen zwischenmenschliche Beziehungen in Liebensdingen: Aus dem Schwarzwald erfahren wir, dass die unverheirateten Männer zunächst ihre Neujahrsbrezel im Wirtshaus verzehrten und sich dann um Mitternacht auf den Weg machten, das neue Jahr anzusingen. Vielerorts in Süddeutschland brachten die jungen Männer auch ihrem Schatz eine Neujahrsbrezel als Liebesbeweis und wurden dafür mit Glühwein belohnt.

Geflochtene Neujahrsbrezel

Zutaten:
350 g Mehl
20 g Hefe
1/8 l Milch
50 g Butter
3 El saure Sahne
1 Ei
40 g Zucker
¼ Tl Salz
1 Messerspitze Muskat
abgeriebene Schale einer Zitrone

Zubereitung:
Mehl in eine Schüssel schütten und zusammen mit der zerbröckelten Hefe, der lauwarmen Milch und etwas Zucker zu einem Vorteig verrühren. Den Teig zirka 15 Minuten gehen lassen. Danach die flüssige Butter und alle anderen Zutaten zu dem Vorteig geben und alles zu einem glatten Teig kneten, den man anschließend an einem warmen Ort wieder 15 Minuten gehen lässt. Anschließend aus dem Teig drei Stränge von rund 50 cm Länge rollen, die zu den Enden hin dünner werden. Daraus einen Zopf flechten, zu einer Brezel formen und auf ein gefettetes Backblech legen. Die Brezel nochmals 20 Minuten gehen lassen. Anschließend die Oberfläche mit Eigelb bestreichen und 25 bis 35 Minuten bei 200° C backen.

Wer seine Liebe und Sympathie für Familie und Freunde mit einer selbst gebackenen Neujahrsbrezel aus Hefeteig bei einem Neujahrsfrühstück unter Beweis stellen möchte, dem sei das nebenstehende Rezept verraten. Feine Neujahrsbrezeln werden zum Jahreswechsel allerdings auch in vielen Bäckereien und Konditoreien Baden-Württembergs angeboten.

Der Kuchen mit der Glücksbohne

Auch am 6. Januar wird ein Kuchen gebacken, der »Königskuchen«, mit einer Glücksbohne, einer Mandel oder einer Trockenpflaume. Als Kinderbrauch lebt er in Frankreich und in der Schweiz bis heute weiter. In Baden-Württemberg wurde er in den 50er-Jahren des 20. Jahrhunderts vom Bäckereigewerbe neu belebt. Die Heiligen Drei Könige sind hierbei nur noch durch die Pappkrone gegenwärtig, die der Bohnenkönig auf dem Kopf trägt.

Dahinter steht ein Brauch, der von der Schweiz bis nach England reicht und sich bis ins 13. Jahrhundert zurückverfolgen lassen soll. Seinen Ursprung soll der Dreikönigskuchen sogar im alten Rom haben. Zu Ehren des Saatengottes Saturn wurde dort alljährlich ein Volksfest veranstaltet. Dabei versteckte man eine Bohne in einem Kuchen. Wer sie fand, wurde Bohnenkönig und durfte für einen Tag einen Hofstaat ernennen.

Nach altem Brauch wurde früher an vielen Orten am Dreikönigstag der Bohnenkönig gewählt, der an diesem Tag als eine Art Narren- oder Ersatzkönig regierte. Bohnenkönig wurde, wer die in einem Kuchen eingebackene Bohne fand. Um welche Art Kuchen es sich handelte, war gleichgültig. Vom Reiskuchen über Hefekuchen, Lebkuchen, Fladen und Pfannkuchen sind viele Kuchenarten bekannt. Vor allem in Holland

Der Verzehr des Königskuchens am 6. Januar ist in Frankreich, der Schweiz und in Teilen Baden-Württembergs heute noch Brauch.

und Flandern gibt es zahllose Parallelbelege für den Bohnenkönig und seinen Kuchen. In Deutschland ist der Bohnenkönig zum ersten Mal vor annähernd 600 Jahren im Jahr 1412 bezeugt. Nach den Kämmereirechnungen von Frankfurt an der Oder empfing die Stadt in diesem Jahr den Kurfürsten Friedrich I. mit einem Bohnenkuchen. Besonders detailreich schildert Sebastian Franck 1534 in seinem »Weltbuch«, wie es in Süddeutschland bei der Wahl des Bohnenkönigs zuging. Ein Lebkuchen, in den eine Münze eingebacken war, wurde so zerteilt, dass jedes Familienmitglied ein Stück davon bekam, einschließlich der als gegenwärtig gedachten Christus, Maria und die Heiligen Drei Könige. Wem das Stück mit der Münze zufiel, der wurde als König ausgerufen und dreimal in die Höhe gehoben. Gegen Unglück und bösen Zauber musste er mit Kreide ein Kreuz an Dielen und Balken machen. In manchen Gegenden wurden auch eine Bohne und eine Erbse in dem Kuchen versteckt. Auch in der Schweiz wurde am Dreikönigstag vielerorts ein Bohnenkönig gewählt. Der Kuchen dazu hatte meistens ein volles Mittelstück, auf das die Krone gesetzt wurde. Die kugeligen Außenstücke sollten die Vasallen des Königs darstellen. Zuweilen wurden auch die Drei Könige auf dem Mittelstück des Kuchens abgebildet.

Heute ist der Königskuchen durch eine Neubelebung des Bäckerhandwerks in der Schweiz und im Badischen überall am Dreikönigstag zu erhalten.

Das Mutscheln

»Drom schmeckt e Mutschel halt zom Woi so donderschlächtig guat«, stellt der schwäbische Mundartdicher Heinz Eugen Schramm in seinem Gedicht »Dr Reutlinger Mutscheltag« fest.

Auf der Suche nach regionaltypischen Spezialitäten zu Neujahr und um Dreikönig trifft man auf so manche Gegend, die traditionell mit einem bestimmten Süßprodukt in Zusammenhang gebracht wird. Entweder weil die süße Backware – wie bei den gerade zu Weihnachten so beliebten Langenburger Wibele – dort ihren Ursprung haben soll oder weil sie eben dort in besonderem

In der Weihnachtszeit werden die Langenburger Wibele, die ihren Namen dem Hofkonditor Wibel (geboren 1770) verdanken, besonders gerne gekauft.

Linke Seite: »Der Kuchen der Könige«. Radierung, Paris 1770

Maße kulinarisch prägend wirkte – so etwa bei den Reutlinger Mutscheln. Sicher ist, dass sich die Stadt auf diese Weise ein Symbol geschaffen hat, mit dem sie sich bis zum heutigen Tag identifiziert. Und in der Tat ist die Reutlinger Mutschel nicht nur Teil der lokalen Geschichte, sondern sie macht auch selbst Geschichte.

Tatsache ist, dass der »Reutlinger Mutscheltag« ein regional bekannter Feiertag ist. Wer am Donnerstag nach dem Dreikönigsfest in Reutlingen weilt, trifft dort in Gast- und Privathäusern Bürger in geselliger Runde würfeln. Als Lohn winkt eine ganz besondere Spezialität, ohne die an diesem Tag in Reutlingen gar nichts läuft: die etwa handtellergroße, süße »Mutschel«.

Bei der Mutschel handelt es sich um ein Gebildbrot – also ein frei mit der Hand geformtes Gebäck – in Form eines achtzackigen Sterns, auf dessen Mitte ein geflochtener Kranz gelegt ist und dessen acht Zacken kleine Embleme in Form von Ringen, Brezeln oder Ministernen tragen. Diese Sternform ist auch schon das einzige, was – neben der Terminierung – die Mutschel mit dem Dreikönigsfest verbindet, denn bei der Sternform des Mutschelgebäcks berief man sich immer wieder gerne auf den Stern der Weisen aus dem Morgenland. In alten Chroniken findet man das Wort »Mutsche« oder »Mütsche« bereits seit dem 13. Jahrhundert als Begriff für kleine Brote. Und zwar nicht nur in Reutlingen, sondern auch

Am Mutscheltag geht es in Reutlingen darum, die richtigen Zahlen zu würfeln.

andferswo in Süddeutschland, sogar in Straßburg und im Hessischen. Auch der Brauch selbst ist nicht neu. Lange hatte er sich über Baden und Südwürttemberg bis in die Schweiz, das Elsass und Tirol erstreckt. Heute freilich sind es nur noch ganz wenige Städte, die den Mutscheltag feiern, etwa Pfullingen und Reutlingen. Die besonders reich verzierte Form des achtzackigen Sterngebildes und das Würfeln darum ist allerdings nur aus der einstigen Freien Reichsstadt Reutlingen überliefert und hat eine lange Tradition.

Was weiß man nun eigentlich über den Reutlinger Mutscheltag? Eigentlich recht viel, denn der Brauch des Mutscheltags bestand schon zur Zeit der Reichsstadt Reutlingen. Aus der Oberamtsbeschreibung der Stadt ist zu entnehmen, dass am zweiten Donnerstag im Januar die Bürger, die im vorangegangenen Jahr geheiratet hatten, zum Stadtmilitär kamen. Zu ihren Ehren gab es im Schützenhaus ein achttägiges Scheibenschießen, bei dem die Mutscheln als Preise ausgesetzt waren. Wer kein großer Schütze war, konnte in der Backstube oder in Weinschenken um das begehrte Gebäck würfeln, das dann später die Ehefrauen erhielten, wenn die Männer mitunter nach Tagen aus der Backstube nach Hause kamen. Der Brauch, die Mutschel durch einen guten Schuss zu gewinnen, wurde bis etwa 1600 beibehalten, danach verlagerte sich der Brauch hin zum Würfelspiel. Ob diese Version tatsächlich der historischen Realität entspricht, ist umstritten, denn in den Archiven der Stadt Reutlingen finden sich dazu keine eindeutigen Anhaltspunkte. Tatsache

aber ist, dass der Brauch als solcher mehrere Jahrhunderte alt ist und die Reutlinger bis heute einmal im Jahr am Mutscheltag in einen wahren Spielrausch verfallen. In Gaststuben und Privathäusern würfeln sie dann nach über 20 verschiedenen Spielvarianten, die alle recht ungewöhnliche Namen haben, um die süße Mutschel. Ein Reutlinger Mutschelspiel gefällig, etwa das »nackete Luisle«, der »lange Entenschiß«, die »einsame Filzlaus« oder »Der Wächter bläst vom Turme«?

Beim »Der Wächter bläst vom Turme« werden zwei Würfel in den Becher gelegt und bleiben im umgestülpten Becherturm liegen. Der Spieler legt nun den dritten Würfel auf den oberen »Turmrand« und bläst ihn hinunter. Die Augenzahl dieses Würfels und die Summe des gelüfteten Turmgeheimnisses werden multipliziert.

Die Reutlinger Bäcker haben am Donnerstag nach Dreikönig alle Hände voll zu tun. Die Reutlinger Mutschel steht an diesem Tag im Mittelpunkt des Treibens in der schwäbischen Stadt.

Kaum zu glauben: eine Laugenbrezel für das Christkind, überreicht von Kaspar, dem Mohr unter den Heiligen Drei Königen. Die um 1925 entstandenen Krippenfiguren des Ulmer Holzschnitzers Martin Scheible (1873–1954) sind immer zur Weihnachtszeit im Ulmer Münster zu sehen.

Alle Jahre wieder?

Weihnachten und sein Drumherum ist ein überaus facettenreiches und spannendes kulturhistorisches Thema. Sicherlich konnte hier bei weitem nicht alles erzählt werden, was es zu erzählen gäbe. Manch einer wird beim Lesen dieses Buches die eine oder andere Spezialität oder einen bestimmten Brauch vermisst haben, zumal mit diesem Fest eben jeder seine eigenen Erinnerungen verbindet und jede Familie ihre eigenen Rituale entwickelt, die oft über Generationen weitergegeben werden. Und so bewegen wir uns heute locker zwischen weihnachtlichen Traditionen und neuen, kreativ erscheinenden Trends, zwischen weihnachtlicher Idylle und Konsum. Der dahinter stehende große gesellschaftliche Rahmen bildet sich aber auch in unserer »Weihnachtswelt« ab. Und so war es ein Ziel dieses Buches, den, sagen wir, zivilisatorischen Prozessen nachzuspüren, die viele Symbole, Bräuche und Rezepte rund um Weihnachten haben entstehen und zu einem festen Bestandteil »unseres« Festes haben werden lassen. Denn jede der einzelnen Überlieferungen kann auf ureigene Geschichte(n) zurückschauen. Weihnachten ist eben viel mehr als ein Nebenthema der (Welt-)Geschichte, immerhin spiegeln sich darin zahlreiche politische, gesellschaftliche wie soziale Aspekte wider.

Vor allem aber wurde versucht, neben dem Allgemeinen rund um Weihnachten das Besondere aufzuzeigen. Eben einiges von dem, was es früher – und heute – gerade in unserer Region Baden-Württemberg an Bräuchen, Rezepten und Geschichten gab. Und tatsächlich wurden dabei mehr Beispiele gefunden, als dies manch einer auf den ersten Blick vielleicht erwartet hätte. Hinter diesen regionalen Merkmalen steht ein kulturelles Erbe und zwar eines, das lange Zeit gepflegt wurde – und in einigen Fällen auch heute noch in veränderter Form beibehalten wird.

Und so bleibt zusammenfassend festzuhalten, dass viel Wissenswertes, Interessantes und auch Amüsantes berichtet werden konnte, was in der Sache aufschlussreich und – hoffentlich – auch spannend zu lesen war. Möchte dieses Buch »Weihnachten hierzuland« doch ebenso vergnügliche Lesestunden ermöglichen wie fundierte Sachinformationen vermitteln. Ob der eine oder andere Leser nach der Lektüre vielleicht ein wenig bewusster Weihnachten und Weihnachten in unserer Region erfährt, muss jeder selbst erleben. Ich wünsche jedenfalls viel Freude. Jedes Jahr wieder …

Wichtige Adressen

Weihnachtsmärkte

Stuttgart:
Stuttgart Marketing GmbH
Lautenschlagerstraße 3
70173 Stuttgart
Telefon (0711) 22 28-0
Internet: www.stuttgart-tourist.de

Esslingen am Neckar:
Esslinger Stadtmarketing &
Tourismus GmbH
Marktplatz 2
73728 Esslingen am Neckar
Telefon (07 11) 39 69 39-0
Internet: www.esslingen.de

Bad Wimpfen:
Tourist-Information
Bad Wimpfen-Gundelsheim
Carl-Ulrich-Straße 1
74206 Bad Wimpfen
Telefon (0 70 63) 9 72 00
Internet: www.badwimpfen.de

Isny:
Das »Engele fliegen« findet an allen Tagen des
Weihnachtsmarktes ab 18.30 Uhr statt.
Isny Marketing GmbH
Unterer Grabenweg 18
88316 Isny im Allgäu
Telefon (0 75 62) 9 84 10
Internet: www.isny.de

Biberach an der Riß:
Das »Chrischtkendle-Rablassa« findet am
Heiligen Abend um 17 Uhr statt.
Tourist Information Biberach an der Riß
Theaterstraße 6
88400 Biberach an der Riß
Telefon (0 73 51) 5 14 83
Internet: www.biberach-riss.de

Nürtingen:
Rathaus Nürtingen
Hauptamt
Marktplatz 7
Telefon (0 70 22) 7 52 82
Internet: www.nuertingen.de

Museen

Schreiber-Museum, Esslingen:
J. F. Schreiber Museum
Stadtmuseum Esslingen am Neckar
Salemer Pfleghof/Untere Beutau 8–10
73728 Esslingen am Neckar
Telefon (07 11) 35 12 32 29
Internet: www.museen-esslingen.de

Museum der Brotkultur:
Museum der Brotkultur
Salzstadelgasse 10
89073 Ulm
Telefon (07 31) 6 99 55
Internet: www.museum-brotkultur.de

Weihnachtsmuseum:
Deutsches Weihnachtsmuseum
Herrngasse 1
91541 Rothenburg ob der Tauber
Telefon (0 98 61) 40 93 65
Internet: www.weihnachtsmuseum.de

Museum für Volkskultur in Württemberg:
Schloss Waldenbuch
71111 Waldenbuch
Telefon (0 71 57) 82 04
Internet: www.landesmuseum-stuttgart.de/
aussenst_waldenbuch.html

Christoph-von-Schmid-Gedenkstätte:
Kirchplatz 29
89613 Oberstadion
Telefon (0 73 57) 92 14-0
Internet: www.oberstadion.de

Bedeutende Krippenausstellungen

Sülchgau-Museum:
Zehntscheuer, Bahnhofstraße 16
72108 Rottenburg am Neckar
Telefon (0 74 72) 165-351
Internet: www.rottenburg.de

*Europäische Glasmalerei und
Krippenausstellung:*
Sulgen
Alte Sankt-Laurentius-Kirche, Kirchplatz
78713 Schramberg
Telefon (0 74 22) 5 32 44
Internet: www.schramberg.de

Mittelschwäbisches Heimatmuseum:
Heinrich-Sinz-Straße 3–5
86381 Krumbach
Telefon (0 82 82) 37 40
Internet: www.krumbach.de

Schwäbisches Krippenmuseum Mindelheim:
Hermelestr. 4
87719 Mindelheim
Telefon (0 82 61) 69 64
Internet: www.mindelheim.de

Literaturverzeichnis

Zum Thema Weihnachten gibt es natürlich umfangreiche Literatur. Hier findet sich eine Auswahl an grundlegenden Büchern und der zahlreich erschienen Aufsätze zu dem Thema.

Adam, Adolf; Berger, Rupert: Pastoralliturgisches Handlexikon. Freiburg i. Br, 1980.

Adam, Birgit; Drews, Gerald (Hrsg.): Die schönsten Weihnachtsmärkte in Deutschland. Termine, Angebot, Anfahrtswege. Battenberg, 2000.

Adam, Hans Karl: Weihnachtliche Bäckerei. München, 1984.

Advent, Advent, Advent. 100 Jahre Adventkalender. Ausstellung des Oberösterreichischen Landesmuseums Linz von November 2002 bis Februar 2003 (Kataloge des OÖ. Landesmuseums. Neue Folge Nr. 188).

Bächtold-Stäubli, Hanns (Hrsg.): Handwörterbuch des deutschen Aberglaubens. Berlin, 1927–1942.

Benker, Gertrud: Für Leib und Seel. Nahrung als Botschaft und Zeichen. Oberschönenfeld, 1996 (Schriftenreihe der Museen des Bezirks Schwaben, Bd. 15).

Deutschlands kulinarisches Erbe. Traditionelle regionaltypische Lebensmittel und Agrarerzeugnisse. Cadolzburg, 1998.

Erich, Oswald Adolf: Wörterbuch der deutschen Volkskunde. Neu bearb. von Richard Beitl. Stuttgart, 1996.

Festliches Backwerk. Holzmodel. Formen aus Zinn, Kupfer und Keramik. Waffel- und Oblateneisen. Ausstellung des Germanischen Nationalmuseums. Nürnberg, 1981.

Hansen, Hans J.: Kunstgeschichte des Backwerks. Oldenburg/Hamburg, 1968.

Helm, Eve Marie: Hasenöhrl und Kirmesfladen. Das Buch der Brauchtumsgebäcke. München, Wien, Zürich, 1984.

Hörandner, Edith: Model. Geschnitzte Formen für Lebkuchen, Spekulatius und Springerle. München, 1982.

Gerster, Hildegard: Unser Gutslesteller. Tübingen, 2000.

Kauß, Dieter: Nikolausbrauch im Kinzigtal (mittlerer Schwarzwald). In: Beiträge zur Volkskunde in Baden-Württemberg (Hrsg. von der Landesstelle für Volkskunde Freiburg u. a.). Bd. 4. Stuttgart, 1991, S. 219–240.

Klauda, Manfred: Die Geschichte des Weihnachtsbaumes. München, 1993.

Knittel, Elke: Modelschätze. Entdeckt und vorgestellt. Mit Fotos von Rolf Maurer. Tübingen, 2005.

Knittel, Elke: Springerles-Back-Lust. Tübingen, 2004.

Krauß, Irene: Chronik bildschöner Backwerke. Stuttgart, 1999.

Krauß, Irene: Gelungen geschlungen. Das große Buch der Brezel. Tübingen, 2003.

Krauß, Irene: Für Leib & Seele. Einfach schwäbisch genießen. Stuttgart, 2005.

Krippen aus Papier (Bearb. Heike Gall). Begleitheft zur gleichnamigen Ausstellung im Museum für Volkskultur in Württemberg. Schloss Waldenbuch, 27. November 1993 – 16. Januar 1994. Stuttgart, 1993 (Veröffentlichungen des Museums für Volkskultur in Württemberg, Waldenbuch, Heft 2).

Mohr, Christoph (Hrsg.): Genießen in Baden-Württemberg. Stuttgart, 2002.

Moser, Dietz-Rüdiger: Bräuche und Feste im christlichen Jahreslauf. Brauchformen der Gegenwart in kulturgeschichtlichen Zusammenhängen. Köln, 1993.

Peters, Ulrich (Hrsg.): Herders grosses Weihnachtsbuch. Freiburg, Basel, Wien, 1993.

Reißenauer, Franz; Schretzenmayr, Heribert: Das Schwäbische Krippenparadies. Günzburg, 1986.

Riolini, Peter: Bachene. Schwäbische Tonmodelfiguren. Ausstellung im Schwäbischen Volkskundemuseum Oberschönenfeld vom Dezember 1992 bis Februar 1993. Gessertshausen, 1992 (Schriftenreihe der Museen des Bezirks Schwaben, Bd. 8).

Schönfeld, Sybil Gräfin: 2000 Jahre Weihnachten. Freiburg i. Br., 1998.

Schwedt, Herbert; Schwedt, Elke: Schwäbische Volkskunst. Stuttgart, 1981.

Selbmann, Sibylle: Der Baum: Symbol und Schicksal des Menschen. Karlsruhe, 1993.

Setzler, Wilfried: Springerle – ein Gebäck spiegelt 400 Jahre Kulturgeschichte. In: Schwäbische Heimat 4/1994, S. 330–335.

Sankt Nikolaus in Schwaben. Ein Volksheiliger in Kirche, Kunst und Brauchtum. Hrsg. von Hans Frei. Ausstellung im Schwäbischen Volkskundemuseum Oberschönenfeld vom 1. Dezember 1991 bis 2. Februar 1992. Gessertshausen, 1991 (Schriftenreihe der Museen des Bezirks Schwaben, Bd. 6)

Valentin, Hans E.: Brezen, Kletzen, Dampedei. Brot im süddeutschen und österreichischen Volksbrauchtum. Regensburg, 1978.

Weber-Kellermann, Ingeborg: Das Weihnachtsfest. Eine Kultur- und Sozialgeschichte der Weihnachtszeit. Luzern, Frankfurt a. M., 1978.

Werkbuch Dreikönigssingen. Methoden Texte Hintergründe. (Hrsg. Kindermissionswerk Die Sternsinger und Bund der Deutschen Katholischen Jugend). Düsseldorf, 1998.

Werner, Richilde und Paul: Apfel und Oblate am Baum des Lebens. In: Unser Bayern. Heimatbeilage der Bayerischen Staatszeitung. Jg. 39, Nr. 12, Dez. 1990, S. 89–92.

Willi, Gerhard: Alltag und Brauch in Bayerisch-Schwaben. Die schwäbischen Antworten auf die Umfrage des Bayerischen Vereins für Volkskunst und Volkskunde in München von 1908/09. Augsburg, 1999 (Veröffentlichungen der Schwäbischen Forschungsgemeinschaft, Schwäbische Forschungsstelle Augsburg der Kommission für bayerische Landesgeschichte, Reihe 10 Nr. 1).

Zum Reinbeißen schön … Historische Gebäcke am Christbaum. Christbaum-Ausstellung im Württembergischen Landesmuseum Stuttgart. Stuttgart, 1996.

Schöne Bescherung

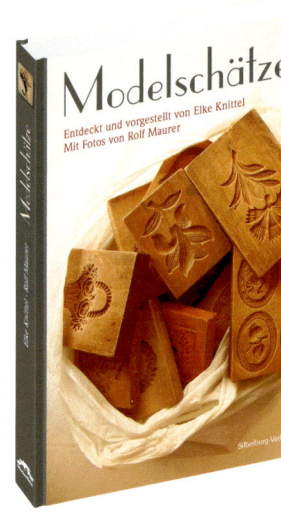

Irene Krauß:

Gelungen geschlungen

Das große Buch der Brezel

Wissenswertes, Alltägliches und Kurioses über das beliebte Gebäck vermittelt dieses reich bebilderte Schmökerbuch auf unterhaltsame Weise: Wie kam die Brezel zu ihrer außergewöhnlichen Form? Warum ist die Brezel das Wappenzeichen der Bäcker? Wer hat eigentlich die Brezel erfunden? Ein Geschenk, das staunen lässt und Freude bereitet.
Ausgezeichnet mit der Goldmedaille der Gastronomischen Akademie Deutschlands.

176 Seiten, 151 meist farbige Abbildungen.
ISBN 3-87407-550-8

Plätzle, Bredle, Gutsle

Weihnachtsbäckerei mit der Landesschau. Die besten Familienrezepte

Das Buch zum Landesschau-Plätzles-Wettbewerb: Die 58 besten weihnachtlichen Backrezepte Baden-Württembergs. Springerle, Zimtsterne und Hägenmakronen, aber auch Ausgefallenes und Neues wie Nussbusserl, Engelsaugen, Mostkeks oder Snickerdoodles.
128 Seiten, 100 farbige Abbildungen, fester Einband. ISBN 3-87407-675-X

Modelschätze

Entdeckt und vorgestellt von Elke Knittel. Mit Fotos von Rolf Maurer

Gebäckmodel spielten in früherer Zeit eine wichtige Rolle in Küche und Haushalt. In einer noch vergleichsweise bilderarmen Welt waren Lebkuchen- und Springerlefiguren mehr als eine bestaunenswerte Attraktion. Elke Knittel und Rolf Maurer haben sich auf die Suche nach den verborgenen Modelschätzen und deren Besitzer gemacht. Ihre spannende Reise hat sie dabei bis in die Küche des Herzogs von Württemberg geführt.
152 Seiten, 192 farbige Abbildungen, fester Einband. ISBN 3-87407-676-8

Manfred Eichhorn:

Wenn's draußa langsam dunkel wird

Ein schwäbisches Weihnachtsbuch

Manfred Eichhorn hat hübsche Geschichten, Gedichte, Lieder und Sketche geschrieben, die an die Fest- und Feiertage zwischen Martini und Lichtmess anknüpfen.
160 Seiten, 41 Zeichnungen von Uli Gleis, fester Einband. ISBN 3-87407-393-9

Sebastian Blau:

s Weggetaler Kripple

Ein farbenprächtiges Weihnachtsbuch und ein Klassiker der schwäbischen Mundart-Dichtung. Die Fotos im Buch zeigen die tatsächliche Krippe in der Wallfahrtskirche im Weggental.
Mit Fotos von Gerhard Hepper und einer Einführung von Dieter Manz. 48 Seiten, 27 Farbfotos, fester Einband. ISBN 3-87407-354-8

Hildegard Gerster:

Unser Gutslesteller

Vielfach erprobte Gutslesrezepte von Ausstecherla über Bäratatza bis zu Spitzbueba stellt Hildegard Gerster hier einprägsam in schwäbischen Mundart-Gedichten vor.
64 Seiten, illustriert von Uli Gleis, fester Einband. ISBN 3-87407-353-X

In Ihrer Buchhandlung.

Silberburg·Verlag
www.silberburg.de

Imagerie alsacienne R. Ackermann Wissembourg succr. de F. C. Wentzel.